每天的生活，都是靈魂的精心創造

You create your own reality.

每天的生活，都是靈魂的精心創造

You create your own reality.

You create your own reality.

每 天 的 生 活 ， 都 是 靈 魂 的 精 心 創 造

內在探索 31

創意的自我

——自我形象是你人生最寶貴的資產

作者——麥斯威爾・馬爾茲 Maxwell Maltz
翻譯——金磊
總編輯——李佳穎
責任編輯——張郁琦
美術設計——唐壽南
版面構成——黃鳳君
發行人——許添盛
出版發行——賽斯文化事業有限公司
地址——新北市新店區中央七街 26 號 4 樓
電話——22196629
傳真——22193778
郵撥——50044421
版權部——李宜懃、馬心怡
數位出版部——李志峯
行銷業務部——楊婉慈
網路行銷部——高心怡
法律顧問——北辰著作權事務所
印刷——鴻柏印刷事業股份有限公司
總經銷——大和書報圖書股份有限公司
地址——新北市新莊區五工五路 2 號
電話——89902588　傳真——22997900
2025 年 8 月 1 日初版一刷
售價新台幣 400 元（缺頁或破損的書，請寄回更換）

ISBN 978-626-7696-08-8
賽斯文化網站 http://www.sethtaiwan.com

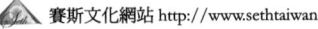

PSYCHO-
CYBERNETICS
& SELF-FULFILLMENT

創意的自我

自我形象是你人生最寶貴的資產

Maxwell Maltz
麥斯威爾・馬爾茲◎著　金磊◎譯

關於賽斯文化

發行人 許添盛醫師

我是個腳踏實地的理想主義者。賽斯文化，是為了推廣賽斯心法及身心靈健康理念而成立的文化事業，希望透過理性與感性層面，召喚出人類心靈的「愛、智慧、內在感官及創造力」，讓每位接觸我們的讀者，具體感受「每天的生活，都是靈魂的精心創造」（You create your own reality）。我們計畫出版符合新時代賽斯精神之書籍、有聲書、影音商品及生活用品，並提攜新進的身心靈作家，致力於賽斯思想及身心靈健康觀念的推廣，期待與大家攜手共創身心靈健康新文明。

創意的自我

自我形象是你人生最寶貴的資產

Psycho-Cybernetice & Self-Fulfillment

目錄

PART 2

問答精華

第10章　馬爾茲醫師聊天室

憤怒／慈悲／管教／情感的創傷／邪惡／存在主義／友誼／挫敗／潛力／上帝／快樂／謙遜／認同／寂寞／憂鬱／負面情緒／壓力／心理分析／心靈控馭／放鬆／宗教／自我形象／性／罪惡／睡眠／小人物／成功／明天／真相／不快樂／怯懦／週末／勝利／煩惱／昨天

愛的推廣辦法

PART 1

更美好的你

我們都是脆弱而敏感的人，很容易被自己的失敗及別人的誤解所害。然而，生活著重的是現在，請忘掉昨天的謬誤，不要為過去煩惱。

你必須了解你內在的力量，塑造自己所期待的自我形象，在追求成長的過程中，不忘接納自己、放鬆自己。

第1章
完成目標

邁入二十世紀下半葉，我們發現人類正處於偉大的電子革命之中——電腦在工業及外太空的探測上，正擔負一些令人難以置信的工作；甚至在緊急狀況下，電腦也能使太空人安全返回地球。

同時，我們內心裡的廣大世界，也正發生重大的改變。我們從人類的創造中發現，造物主賦予人一種輔助機制（servo-mechanism），這種機制比人類所發明的任何電子頭腦或指導系統更神奇，藉著它，人類可以完成各種目標。

它使我們將生命轉換成一種成功的、滿足的生活方式。

對其他動物來說，生活的意義只是指肉體的生存，以及種族的繁衍——鳥類為求自保，冬季時必須飛到氣候溫暖的地區。春天產下的小松鼠，完全沒有過冬的經驗，也大肆收集核桃，以求度過冬天——動物不會設定牠們的目標，牠們的繁殖與自衛，是天生的本能。

而人類不同於其他動物。我們擁有一股創造的想像力量，這一股形成生活意義的想像力量，讓我們得以擁有無窮無盡的目標。

人的中腦好比一部微小型電腦、一部錄音機、一套自動輔助機制、一套可幫助你設定目標的機制。正如太空人在邁向遙遠的目標之後，仍能返回地球，你也可以在心靈的廣大內在世界中摸索，以求在回觀自我之前，探測你生命中的財富。你的腦不但能自動幫你解決問題，也能助你適應生活，給予你一種洞察人類行為的鳥瞰視野。

我將它稱為創造性的「**心靈控馭**」（psycho-cybermetics），亦即驅使你的心靈定向在一個豐碩目標上。這並非意味著人是一部機器，而是由人來操作他的機器。

在我們的心靈中，除了有一套成功的機制外，還有一套失敗的機制。這一套失敗的機制是由挫敗和負面情緒混合而成，使我們脫離正軌，轉移了我們的正面傾向，讓自我形象萎縮，阻礙我們成為有尊嚴的人。

例如，今天我可以毫不費力的拿起一支湯匙。但是當我還小的時候，常常掉湯匙，直到我學會拿湯匙為止。我忘了到底掉了多少次湯匙，當我學會了拿湯匙的那一剎那，我將這個動作貯藏在我心靈的錄影機中。我現在拿湯匙一點也不困難。

因此，為了完成目前的一項目標，你會呼叫貯藏在中腦裡所有過去的經驗。

假如你能回溯過去的成功經驗，將會再度喚起你的信心，以完成目前的任務。但是，假如你想到的是過去的失敗經驗，你會被自己擊敗。

假如你遭遇失敗，就會扭曲你的自我形象，變得不喜歡而且不信任自己，你就無法正確地引導自己。

那麼你該怎麼辦呢？應該提昇自己，激勵你消沉的意志。洞察你自己那些最美好的片刻，不要讓成功胎死腹中。不斷想像這些美好的片刻，即使是屈指可數也無妨，並且將焦點定在這些美妙、成功的鏡頭上，直到你將它們融合成你的個性為止。

通常，你生活在兩個世界裡。在第一個世界裡，你看到的是黑暗與憂鬱，是失敗與災禍的預兆；在第二個世界裡，映在你眼簾上的是陽光，綠色的田野，藍色的天空，你眼前的景象隨時都明亮無比。

讓我們將自己設定在第二個世界——快樂的世界裡吧！讓我們驅使自己邁向我們的目標吧！

本章將著重在如何達到自我實現。基本方式之一是：**強化我們的活力，並將**

其導向我們的目標。

設定目標

我們將設定目標當作一項冒險，因為冒險是樂趣，而樂趣本身就是一個目標。

我們在此將目標列出來，我相信它們是邁向目標時的公式：

1. 把握今天的機會
2. 運用使你成功的權利
3. 了解你真正的潛能
4. 勇氣
5. 如何跨越障礙
6. 改進
7. 自我形象的營養品

8. 邁步向前
9. 攻佔陣地
10. 觀察節
11. 預想
12. 學習如何邁向目標
13. 領會自己的成功

準備好了嗎？我們開始吧！

把握今天的機會

忘掉昨天的謬誤，不要為過去煩惱。今天是一個新的開始，把握今天的機會吧！

我們都是脆弱而敏感的人，很容易被自己的失敗及別人的誤解所害。然而，生活著重的卻是現在。現在的機會為我們每一個人存在，我們必須像嬰兒緊抓住母親一樣，緊緊地把握現在。

每天對你都是一個挑戰，你應以最適當的態度來應付這種挑戰。在你邁向世界時，先設定目標，描繪它的極限，選擇你的方法，然後採取行動。養成「實現每天的目標」與「把握每天的機會」的習慣。

切勿對這種挑戰氣餒，這種把握機會的挑戰，可以克服負面情緒——也就是沒有目標。負面情緒是向自己的因循苟且投降，雖然你沒有摔斷腿，但是卻將腿上了石膏而動彈不得。

給自己一點指引，使你的機會具體化。邁向你的目標，用不著拖拖拉拉的。你的目標就是：**渴望以及當你的渴望強烈到足夠你自己形成一股原子動力，以推動自己去把握每一個機會。堅持滿足自己，不輕易打退堂鼓。**

運用使你成功的權利

或許，當你被帶入這個巨大的世界時，會嚎啕大哭，但是哭對你沒有好處。除了設定目標之外，你必須在內心下定決心，而且要把握使你成功的權利。

你如何運用這種權利呢？

首先，你必須逐漸灌輸自己一種觀念——**你有成功的資格**，你理當受到獎賞。

第二，**相信自己**，然後你才能對成功的機制——輔助機制——操作自如。當機會出現時，盯著它，抓住它。

機會在敲門，但你聽得到嗎？或者你根本不理會？是因為你無法運用使你成功的權利嗎？還是因為恐懼使你全身癱瘓？

你應該學習放任你的感覺。

你應該學習看到、聽到及嗅到機會。

你必須運用使你成功的權利。就像慢跑、騎車、打網球或伏地挺身等訓練，會促進身體機能，經常運用使你成功的權利也會帶來活力。

太多人失敗了，因為他們認為自己必敗無疑，也因為他們不相信自己擁有成功的權利。太多人自己擊敗了自己。

千萬不要這樣想！直接邁向你的目標吧！假如你覺得你是在別人的蘋果園裡摘蘋果，你當然覺得自己是小偷；但這是你自己的蘋果園，賦予你自己應該有的權利吧！

了解你真正的潛能

你必須使自己了解你的內在力量，以及你的基本認同——你過去的所作所為，以及你現在、未來所要進行的行為。

這就是力量的強化。這種了解，這種再度的喚起，這種力量的重建，都存在於你的本體之內。

讓我告訴你一個故事：

這是一個有關我敬愛的父親，以及我們之間的故事。我會慢慢告訴你——有關他那個舊時代的服裝，有關他幫助那些我們在紐約市曼哈頓區東城的鄰居的啟示，以及有關他悲劇的死。

多年前，我在義大利那不勒斯機場等候飛往倫敦的班機。環視周圍的旅客時，看見一位身材矮小、體格結實的男人。他穿著老式的衣服，看起來很整潔。他的眼睛深邃，頭髮烏黑，寬濶的臉，配上鷹鈎鼻。

他使我迷惑，我以前曾在哪兒見過他？我懷疑著。

在飛機上，我們的座位只隔一條走道，我有更多的機會觀察他。他讓我想起了一個人，這一點無庸置疑。那是誰呢？

我在倫敦演講完後，回到了紐約的辨公室，一大堆積壓下來的工作，正等待處理。

忙了幾天之後，非常疲倦，我坐下來，瞄了一眼擺在桌旁家父的相片。我想起了他，他的生活，以及突如其來的意外帶走了他的生命。當我在心中回想起過往的點點滴滴，仍然覺得和他很親近。

稍後，我去見當天最後一個預約的病人。

當我看到等我的人時，我驚訝極了。他居然就是我在飛機上看到的那位身材短小、體格結實、穿老式衣服的男人。

他指著自己的耳朵和鼻子，說它們或許需要接受整形手術，如此將有助於他的生意往來。他說他曾問飛機上的空服人員我是誰。他覺得我們心靈之間有些相通，所以決定找我動手術！

我幫他動了手術，手術過後，當天下午我去看他，當時他的臉上纏滿了繃帶。我們交談愉快，於是我每天去找他談話，這已經成了一種習慣。

直到有一天，我把他的繃帶整個拆掉時，驚訝再次閃過我的臉。他的新鼻子、新耳朵，以及這段時間所長出的鬍子，都非常耀眼，我知道他所以吸引我的原因了。我想到了我的父親！那種酷似，真令人難以置信。

「你是不是從奧地利來的？」我問他。

「沒錯。」

「能告訴我你的工作嗎？」

「我是布料設計師。」

「我認識一個布料設計師，也是來自奧地利。」我彷彿又看到我的父親穿著他那一身整齊、正式、過時的衣服。

這一瞬間過去與現在好像融合為一。我覺得自己又回到二十多歲時的情形，但這一次卻大不相同：我現在比以前更愛我的父親，更懷念他，只要我活著就會一直感激他。

在這種新的了解、新的喚醒、新的自我重建中，我覺得內心裡有一股新的潛能，我覺得我能達到生命中的新領域，我覺得能以一股新的力量，跨過邊界向生命挑戰。

邁向新的目標，更有力量實現這些目標。

你也做得到，**當你將生命中最正面的力量整合在一起，你內在那些最正面的力量，而且了解你真正的潛能並加以發揮，就能夠邁向你的目標。**

勇氣

你必須擁有勇氣，否則在設定目標之後，就會半途而廢。假設你失敗了，然後呢？答案是如果失敗了，就必須灌輸自己更多的勇氣，重新邁進。

以一種極端的真實感來看，生活是一系列詳加評估過的冒險；為了要滿意地生存，勇氣是不可或缺的。你必須鼓足勇氣超越你的不確定感，勇往向前。

勇氣就是找到願意跟你分享勇氣的人，跟他們討論你的希望與困擾，也表示把你的勇氣給予別人；表示在一切都步向錯誤時，集中全力，重新開始；也表示你必須超越自己的力量，撇開自己的怯懦；還表示即使障礙在你眼前，也要邁向你的目標。

你只是一個人，有時難免怯懦、脆弱，但其他時間應該像直布羅陀海峽中的礁石一樣堅挺。下定決心，不可輕言放棄。

勇氣更是一種激勵你的期望。你是一個探險家，正在探測你自己內心裡不可測的一面。**你的希望並不消極，內在的動力驅策著你。**

如何跨越障礙

光是設定目標是不夠的，邁向目標也還是不夠的。前進的道路大都崎嶇難行，就像打高爾夫球一樣，必須克服許多的沙坑。為了完成目標，你必須克服道路上的沙坑——跨越障礙。

我再告訴你一個跨越障礙的故事。有一位跨欄好手在大學時曾贏得許多獎牌，朋友都推崇他這方面的天分。

畢業後，他在一家保險公司當推銷員，但無論如何努力，業績都不盡理想。

他的人緣不錯，朋友很多，已婚，有一個兒子，但卻無法跨越推銷保險上的障礙。他對自己不是個完美的推銷員而恐懼，潛在的客戶非常容易使他氣餒。大學時，他憑著不屈不撓的毅力，成為出色的跨欄好手，他忘了用同樣的方法，克服推銷保險上的障礙。

在一次聚會裡，他的同學鼓勵他再試一試跨欄，看看是否寶刀未老。他喝了點酒，借了雙運動鞋，結果在跨欄時摔傷了腿，裹了一個月的石膏。養傷期間，他反省為什麼年紀一大把了，竟然在疏於練習的情況下還去嘗試跨欄。接著他回想起當年自己如何修正錯誤：認清正確的姿勢，**練習，再練習**。但為何他跨不過生活的障礙？跨不過推銷保險的障礙呢？

拆掉石膏之後，他決心以運動場上的精神推銷保險——練習，再練習。在內心中先釐清要跨越的障礙，例如如何應付客戶，如何解決客戶提出的異議。採用這種新方式後不久，他的業績直線上升。

這是一個借鏡。你也必須先肯定障礙的存在，然後學習如何克服。

改進

為了實現目標，你應該加強你的自我形象。為自己畫出一條新的水平線，使你的生活充滿意義。

當你邁向目標時，盡量運用你的想像力，以追求改進。或許你會焦慮，但絕不可讓焦慮腐蝕你的心志，反而應該善用焦慮。

改進就是在目標的實現上，將清晰合理的思考，引導成最具創造力的表現。

早上醒來時，**先為當天設定一個目標——改進**。這是一個好的開始。

自我形象的營養品

當你決心改進自己時，你會發現有許多「維他命」可滋養你的自我形象——這將是一個美好的日子，你今天的自我形象將極為耀眼。

為自己設定目標，就是在培養你的自我形象。你為它建立了功能體系，同時也賦予它形式與內容。

你渴求自己更美好的一面——**充滿信心、慈悲與責任**。你渴望獲得自我實現的機會，而不是挫敗。外在的壓力一增加，就以內在的韌性——藏在心靈中過去的成功經驗——迎頭反擊。

把握你的時光，滋養你的自我形象。

當你在夜晚即將就寢時，回想一下你的自我形象是否提升。平靜、愉快地回想，能使你一覺到天明。

邁步向前

不論你喜歡與否，生活就是運轉，而且你必須保持一定的速度。如果你一直生活在自認為安全的昨天，就會扭曲你的現實感。或許緬懷童年能提供慰藉，或許當年你彷彿無所畏懼，但是逝去的光陰永不復返。千萬不要生活在過去裡。

所以必須邁步向前，走入世界。當你邁步向前，你是在成長；如果你拒絕，就是在逃避。

當你繼續邁步向前，會發現自己正在暗中摸索以及孤注一擲，這是常有的事。樂觀點說，你的摸索，明智而具創造性。你並非在玩撲克牌或炒股票，你是在摸索自己：你的**信心**、你的**渴望**、你的**自尊**。

每天你都在邁向目標，每天都在邁步向前，你動員自己的內在資源朝向目標時，要盡量減少在生活中胡亂下注。在股票市場中，股價有漲有跌，但你的努力有如績優股，會使你登上新的高峰。

你有翅膀，信心的翅膀會推動你邁向目標。下一站就是：快樂的來臨。假如你想飛翔，為何不振翅高飛？

攻佔陣地

設定目標，向前衝鋒，即可攻佔陣地。不要被自我破壞（ego-destruction）惡意地毀滅了我們自己。這種破壞性的自我戕害（self-mutilation）對自己有什麼好處呢？攻佔陣地時，應該提醒自己身在何處。不要做無謂的耽擱，將眼睛對準有意義的目標。

生活中有很多決心下的產品。美國小說家德萊塞（Theodore Dreiser）寫出了膾炙人口的《嘉莉妹妹》（*Sister Carrie*）。德萊塞是一位偉大的小說家，在美國小說史上佔有一席之地。但即使是他最熱情的崇拜者，也認為他是一位笨拙、閒散的作家，因為他的文筆實在並不出色。事實上，文學批評家也都以憎惡的眼神看他的作品，其內容之貧乏，實在不夠格躋身偉大小說家之林。

但他們將他列進去了。

為什麼呢？

因為德萊塞是一位極熱情的作家。他將自己投射到他的小說裡。他熱愛寫作，不寫就活不下去。自從他著手創作，就未曾中斷。他以心來寫小說，他將所有的感情以及所知道的每一件事，都寫進小說裡。有人認為德萊塞為了他的目標——小說的創作——而奉獻了他的生命。外在的批評無法動搖他的創作熱忱，甚至有些文學批評家因此而大加支持。

文學批評家雖然繼續指責他那笨拙閒散的文筆，但仍然認為他是位極卓越的小說家。因為他真摯的情感讓他們動容；他們忘不了他對生命的熱情，他們不得不推崇他對於創造角色，以及迷惑他的這個世界有一股狂熱——事實上他確實也以這股狂熱，迷惑了世界。

德萊塞在邁向他的目標上雖然**不盡完美，卻很成功。**

觀察節

我們每年都有許多節日，我建議再訂一個新節日——「**觀察節**」（Observance Day）。

觀察節？觀察什麼呢？

觀察你的自我形象。

或者我們可以改稱「**自我形象節**」。

這是你的大節日。在這一天，你可以將你的名字**從失敗者名單上拿下來，掛到勝利者名單上。**這是一個偉大的節日！值得跑到街上狂舞，開香檳慶祝。

不必在這一天特地為你自己買禮物！唯一要給自己的禮物就是與你的自我形象開圓桌會議。你可以在每年的「自我形象節」反省自己。

在這一天，你是自己的朋友。就算你是住在一棟沒有電梯的公寓頂樓，當你拾級而上時，儼然是一個國王。因為今天是自我形象節，而你是國王。

自我形象節，多麼偉大的節日——沒有五彩碎紙，沒有遊行行列，沒有電視宣傳，但你會覺得自己很偉大。

預想

創造性的預想可以使你努力，而努力就是嘗試。當你嘗試時，你想要的成果已近在咫尺。由於你是在行動中，你會越來越接近你的目標。

懷著預想，沿著康莊大道，邁向目標。沒有歧路，也沒有死路！

邁步向前時，必須謹慎小心，不可魯莽，不要犯不必要的錯誤。遇到紅燈，務必停下來，等著；綠燈一亮，趕快加速前進。即使你現在安全地前進著，並不表示前面沒有意外。唯有清晰地思考，隨時重估你的策略，繼續加強你的自我形象，才能保障你的安全。

只要你擁有生命這份禮物，就可以預想。**只要你能呼吸，就可以預想。**那為何不做呢？上主使你生存，也賦予你各種預想的權利。

學習如何邁向目標

你必須學習如何邁向目標，如何依目標生存，如何接受失敗，以及如何享受成功。

目標定向需要許多技術。你必須確定**何者有用，何者有害**。你看過頂尖的芭蕾舞星表演吧！她的肢體動作多麼精確，完全沒有多餘的動作，這就是她的目標。

一旦你和恐懼妥協並被負面情緒嚇退時，就應該學習如何邁向你的目標。你要經常學習如何創造你最大的資產，如何強化你的自我形象，如何從負面情緒的沙漠中找到綠洲。

領會自己的成功

假如你設定了實際而具價值的目標，行動時卻深懷恐懼，你將一無所有。為了達到目標，你必須領會自己的成功。

過去的成功影像，能引導你邁向目標，所以將自己看作並認為是一個成功的個體，讓你的想像充滿**活生生的成功影像**。

將這些影像導入你的想像中，親切而小心地融合它們，你就能滿懷信心地邁向你的目標。

每天都完成目標

美國短篇小說家奧．亨利（O. Henry）有一篇迷人的短篇小說〈第三種配料〉（*The Third Ingredient*），情節簡單而不矯飾。一個健壯而不屈服的女人，在三十來歲時失業了，而且幾乎一貧如洗。她只能從肉商買一些碎牛肉回家吃。她的心靈並未被不幸的遭遇所擊倒，她嘆息說，沒有番茄與洋蔥的牛肉怎麼會好吃呢？她積極尋找這些配料，這項工作成了她每天的目標。這是一個啟示。

結果她找到了原本沒有的配料，我希望你能吸收本章中的「配料」，以達到目標。假如你能激起足夠的欲望，並以正面行動每天運用，我相信你將會更快樂。

我希望你每天都圓滿地達到你的目標，邁向更大的自我實現。

第2章 自我形象的實現

每天早上一睜開眼，你再一次存在於自己的小世界裡。你以各種一成不變的方式洗臉、淋浴、刮鬍子、化妝、吃早餐，為這一天做準備，但這一天將會帶給你什麼呢？

挫敗？或自我實現？

或許我應該這樣說：這一天**你將會帶給自己什麼呢？**挫敗或是自我實現？你必須對你在這一天的行為負責任。正確地說，你必須為自己的每一天、每一星期、每一個月及每一年負責任。

本章我們做了兩項假定：第一，你希望有技巧地練習這種責任，替你最好的朋友——自己——服務；第二，你希望能為自我實現，找出一條明確的途徑，也就是尋找滿足的一生。這就是我們的目標，我們將凝聚所有的活力運用在心靈控馭的本質上。

現在我們先談你最大的資產，也可以說是你最大的負債——**你的自我形象**。強壯的自我形象就是自我實現的同義詞，而脆弱的自我形象就是挫敗。

你的自我形象如何呢？當然，你看不到、摸不到，也嚐不到——但是它的存在是無庸置疑的，像你的手在翻書般真實。

你的自我形象就是你自己的畫像，它是你對自己的見解，是你對自己的價值判斷。你懷著這種對自己的形象進入世界，它協助你的經驗能力成形。

你踏入的這個世界是個紊亂而不舒適的世界，它是個不確定的境地——充滿了爭吵、操縱、希望、絕望、激憤的人，我認為這些人都處於尋找中。

尋找什麼呢？

自我實現。

他們找得到嗎？那就得看他們的方法而定。假如有人希望奇蹟出現，那他會失望。當你踏入這個不確定的世界，你所需要的不是外在的奇蹟或一時的好運，而是從你內心裡引發出來的內在力量。只有在你建立你的自我形象時，才能感受到這股力量。

只有在你仁慈地對待自己、與己為友、拒絕排斥自己時，它才是一股真實的力量。

你的雙重力量

我們列出你的雙重力量，它們能加強也能打擊你的自我形象。為了獲得快樂，你必須支持正面的力量，打擊失敗與負面的欲望。

1. 你或別人
2. 遵守或反對
3. 不相信或不了解
4. 怨恨或理性
5. 陌生人或朋友
6. 狂熱或毀滅
7. 生存或死亡
8. 事實或虛構
9. 猶豫或果斷

10. 心靈觀察者或心靈逃避者
11. 調節或萎縮
12. 前進或後退
13. 進取或空虛

以上十三項就是你的自我形象。希望你不要被「十三」這個不吉利的數字嚇著，今天我們就讓它成為你的幸運數字。

你或別人

你是誰？站在鏡子前看看自己。這張臉是誰？你是誰？你是誰？你是一個自我導向（self-directed）者，有完全的能力過你的生活嗎？或者你自認為毫無價值，凡事閃避，企圖取悅別人，並在取悅別人時一再地修正自己的個性，重塑自己的形象，所以經常失去自我。

你必須掌握自己，必須每天擺脫你的責任與壓力，即使是片刻也好，讓自己思索一下世界上最重要的人——你。你要怎麼做呢？你的「身體」生存著，但你的認同又如何？你是你自己或你是某個人？你的能力足以成為你嗎？

承認並接納自己是一個不完美的人，才能令你快樂。當你試圖模仿別人時，你是在玷汙自己的好形象。不要以別人的標準來衡量自己，應該採用你自己的標準。

不要模仿你所崇拜的電影明星、運動員或政治家。使你成為自己電影中的明星吧！裡面的英雄是誰呢？就是你。誰是尋找使生活完美的探險家？就是你。誰是毫無恐懼地將真實顯示給你看的製片人？就是你。

不是別人，是你。

遵守或反對

任何一項球類運動——棒球、橄欖球、高爾夫球、足球、籃球、曲棍球——都有它們的規則，你必須遵守這些規則，不可以反對。

好像你正在與你的自我形象競賽，即使漏接了球，也不要妄自菲薄，否則將錯上加錯。做一個擁有自己的人，讓自己參加競賽吧！

遵守正當的遊戲規則，就是在建立你的自我形象，放棄你刻意阻撓的反對！灌輸自己正確的觀念：**你是一個有價值的人，你擁有權利，你感激自己能寬恕自己並不是一個完美的人。**你只是跟別人一樣，擁有洞察自己美好一面的權利。

在尋找自己美好的一面時，你會反對自己嗎？你會以嘮叨自己的怯懦來反對你的本性嗎？你能掌握自己嗎？

當裁判高喊比賽開始時，好好遵守規則——自我實現之戰的規則——球棒握在你手裡，擊出一支全壘打吧！

不相信或不了解

我們都是錯綜複雜的人——我們又愛又恨，我們又笑又哭，我們相信又懷疑，我們了解又誤解。

你可以對自己了解又同情，也可以懷著對你自己及你潛能的不信任，而否定你的本質。

為了提升你的自我形象，必須**以了解和同情，隨時隨地協助你支持自己**。

你設定了目標並向它邁進，但你的不完美與偶爾的犯錯，會成為你的障礙。使你不相信自己，使你的心靈受干擾。

為什麼你會不相信自己？為什麼你對自己如此不忠實，只為了犯了一點小錯？

當你不完美時，了解自己才是一針見血的良藥。在強大的壓力下，我們都會犯錯，而且會對自己失去信心。我們在不同的環境下，都能以同情自己，來顯示我們真正的價值。而且，擁有堅強的自我形象的人，會將失敗看成生活的一部分，了解失敗是不可避免的，但絕不會視自己為失敗者，他以失敗為借鏡，邁向成功。

你不能總是希望成為一個你想當的那種人，沒有人做得到。如果我告訴你，最近我並非自己心目中完美的人，但我仍能接納自己，或許對你有所助益。

有些病人打電話和我確認手術時間。我非常了解他們的情況，他們只是需要別人的安慰——我通常都會安慰他們——但那天我做不到。我小聲地咕噥著幾句場面話，然後就草草結束。

我和朋友在一家餐廳吃午餐，耽擱了太久，忽然想起約了人到我辦公室來。我急忙鑽進一部計程車，但紐約鬧區的交通實在太亂。我遲到了半小時，真不可原諒，我臭罵自己。我嘗試安慰自己，我是一個守時而負責任的人。

那一天對我而言，是個沒有效率的日子：不但忘了打電話給我的電話代接服務公司，遲到，也沒有回朋友電話。我對護士發脾氣，她隨後也對我以牙還牙。這一天怎麼過下去？真是糟糕的一天。

我很痛苦地接納了自己。我是個不完美的人，某些日子也會犯錯。但我也有成功的一面，我盡力求好，樂於助人。

你也能和我一樣。成為你自己的朋友吧！

怨恨或理性

我們每天的生活充塞了許多的怨恨：沒趕上公車或火車，一場驟雨使你淋濕而不舒服，看到報紙上人類無止境的爭端而激動，以及老闆的冷言諷語等等。但我們不能讓怨恨馳騁，必須保持理性。

有時候你還滿有理性的。但你是否理性的對待每天都有的小刺激？不論沒趕上火車的原因是什麼，你是否能理性的保持心靈的平靜？你能否理性的聽老板的冷言諷語？

撇開怨恨，理性地過日子吧！忘掉今天的不滿，忘掉昨天以及無數個昨天的悲痛。

一兩年前，有個四十歲的女人到我辦公室來。她已婚，有兩個孩子，但無法紓解她內心的悲痛。她的原生家庭一共有五個人，母親君臨天下似的操縱一切，每天對她嘮叨，顯然偏愛其他孩子。她的母親是個畫家，而她也喜歡畫畫，但母親並不鼓勵她，說她沒有天分。她覺得自己一無是處，非常恨母親。

她生活在過去裡，這是理性的態度嗎？什麼才是壓力下的創造性生活？她現在有自己的家，她每天的目標何在？她對過去的怨恨窒息了她的現在。

「我該怎麼辦？」她問我。

「有四項原則。第一、寬恕別人，為自己內心的平和，寬恕妳的母親。第二、為妳曾不仁慈的對待自己而寬恕自己。第三、看清妳的優點，不要把自己看成失敗者。第四、肯定自己，這一點最重要。如果妳喜歡畫畫，就去畫，不要模仿妳的母親，保持自己的風格。畫的時候不要做比較。由於妳要畫畫，妳愛畫畫，妳想享受畫畫的樂趣，所以去畫吧！如果妳不喜歡，重新畫一張。這將是妳發現自己及建立自己信心的方法，要不要試試看？」

「我會試。」她說。

八個月後，她來找我。看起來神情愉快，春風滿面，而且體重減輕了七公斤。她拿一張小丑的畫給我看——憂傷而悲慘。她說：「那是過去的我，但是你看看現在的我！」

陌生人或朋友

你生活的每一天都會走進這個世界，幾乎少有例外。在街道上漫步，同一條街上有許多人走動，他們對你而言都是陌生人。每天你會在公車或火車上、餐廳，以及任何你去過的地方，遇到許多陌生人。

因為在你的生活中你擁有朋友，所以這種不帶人情味的接觸不會困擾你。陌生人可以跟你保持距離，你不需要親近他們。

這與你的自我形象太不相同了。假如你是你自己的陌生人，就是一場**災難**；假如你是你自己的朋友，就是一種**祝福**。你對自己必須比對父母、配偶、子女更為親近，你與自己之間不可以有距離存在，這種距離會使你成為自己的陌生人，寂寞地走進世界。

了解你的自我形象，確認它的存在，肯定它活生生的影響你自我實現的能力——你的行為，以及別人對待你的方式。

請詳加體會：**你的行為是依你自己的見解而定**。假如過去的成功，使你在內心裡認為自己是一個成功者，你將會以自己為傲，並想辦法繼續維持這種形象。假如你將自己描繪成一個失敗者，並時常想像過去的錯誤，你會更加挫敗。

假如你的自我形象使你挫敗，就需要加以改變。你可以改變它，透過這種創造性的改變，開始一種邁向成功與快樂的新生活。可能很難，但別人做得到，你也可以做到。

你必須抱著一股是友非敵的自我形象努力改造。

你記得杜魯門吧！羅斯福總統突然病逝，由杜魯門繼任，當時全國一片憂傷，就像是後來的約翰·甘迺迪總統遇刺身亡時一樣，全美國人民都以最個人化的方式哀悼，他們視他為一個可愛的朋友，甚於一個偉大的總統。

杜魯門在全國的衝擊中進入白宮，美國人民對他缺乏信心。許多人對他執行總統權力的能力非常懷疑，或許他的外形太像走在街道上任何一位平凡的陌生人。

但有一個人堅定不移地信任杜魯門。

他是唯一非信任不可的人。他就是杜魯門自己。

杜魯門在白宮的歲月裡，義不容辭地執行他的總統權力，有人還聲稱他會成為美國最偉大的總統之一。

我認為杜魯門毫不在意別人的攻訐。他坐鎮白宮時，四面八方都是嚴厲的批評，但全被他一一粉碎。他信賴自己的活力。

他的自我形象就是他的朋友。

你也做得到，讓你的自我形象成為你的朋友吧！

狂熱或毀滅

閉起你的眼睛，休息一下，想像你的心靈舞臺。

首先你會看到一個挫敗者的特寫。臉孔繃得緊緊的，額頭蹙著，牙根緊咬，雙手握拳。

然後出現另一個人的特寫——他是一個快樂者。溫暖的微笑，雙眼　有神，手掌自然鬆開。

這是兩個不同的特寫，奇怪的是它們都是你。

你是個狂熱的人，也是一個挫敗的人。

你是個能洞澈每天美好一面的人，也是只看到明天的災難，而對目前毫無所見的人。

你是個在某種情況下會自覺勝利的人，也是個在不同的情況會有所失的人。

在選擇你的生活形態時，**務必規避會毀滅你的力量，跳上邁向生活狂熱的車子。**

如何做呢？每天努力建立你的自我形象。

生存或死亡

培養一種健康的自我形象，就是**生存**。在哪裡生存呢？**生存於現在，而不是昨天。生存於實際，而不是幻想。**今天為昨天而活就不是生存，而是死亡。不幸的是，很多人無法生存，他們被毀滅了。他們每天都讓自己屈服於徒勞無功。

你被毀滅是因為：

1. 從生活與世界中撤退。
2. 放棄你的自我形象。
3. 對寂寞與失望投降。

4. 將自己埋葬在怨恨中。

多年前，我在亞利桑納州對三百名牙醫演講，有個女人會後找我討論。

「我覺得好可憐。」她說。

「為什麼？」

「我的生殖系統不正常，不能懷孕。」

「妳有沒有想過領養一個孩子？」

「我不知道──這是兩碼事。」

「或許不是，領養孩子可能對妳較好。」

三年後，她寫信給我，她已經領養了一個孩子，全心全意愛他，她很滿足並更愛她的丈夫。

她領養的不只是一個孩子，她還領養了自己──當自己是一個圓滿的人。

她曾被毀滅，又以自己的方式回歸生活。

生活中的毀滅無法讓你生存，你若無法生存，就會死亡。當你喜歡自己時就能生存，當你自我的形象愉快輕鬆時，你對邁向世界了無恐懼，你就能生存。

事實或虛構

我們費了很多時間，讓別人對我們留下特定的印象，結果反而不了解真正的自己。真正的自己不是我們偽裝出來虛構的自我。

事實與實際才是我們的目標，不是虛構與偽裝。

問題在於一個人必須以他真正的自己生活於實際之中。假如你不信任自己，假如你恥於自己，假如你不能與自己生活，你就不是你，而是另一個人。

再說，假如過去的成功，能對你自己及你目前從事的工作，提供美好的滿足，你就能面對現實，就能使自己致力於實際的生活。

健康的自我形象，是你實現實際生活的關鍵。

猶豫或果斷

猶豫、疑慮，與恐懼，三者的意義相同。或許過去你曾犯過大錯，你怕重蹈覆轍。

不過，請你記住一點：過去的失敗，並不表示你是一個失敗者。

有許多人優柔寡斷。我們在猶豫不決時，常覺得不知所措，果斷才是我們應有的態度。

我們必須克服這種態度，必須學習果斷，必須設定目標，必須有勇氣拿定主意，必須確定立場。如果我們含糊籠統，將不知何去何從。

所以，我們必須克服過去失敗的恐懼，我們也必須擺脫力求完美的心態。一旦我們是實行家，設定目標採取行動，就可能會失敗。為求果斷，必須好壞兼容並進。

當我們能**不顧一切地接納自己**時，就能摒棄猶豫，把握果斷。

心靈觀察者或心靈逃避者

我們有各式各樣的「觀察者」——賞鳥家、股市觀察家，以及氣象觀測家。現在又多了一個**心靈觀察者**。

對我的思想而言，心靈觀察者是最優秀的觀察者，他能敏銳地管理心靈裡的各要塞。當懷疑之瘤侵入時，他會立即反擊；當自卑出現時，他會立即抵擋；當恐懼開始植根時，他會立即擺脫。

另一方面，心靈觀察者會留意自己美好的一面。他會停、看、聽。他會為過去的成功，喚起他的想像，會經常努力改進對自己的見解。

心靈逃避者為芝麻瑣事迷失自己，終生逃避自己。他無法創造性地思考或中肯地尋覓。他忽視自己的心靈，與自己的自我形象失去聯絡。

做一個心靈觀察者吧！保有自己吧！做一個自我形象的觀察者吧！這是使你自我實現的好方法！

調節或萎縮

每天能依情況而調節你的內在與外在世界，就是正確的自我形象。

我在加州聖地牙哥曾主持一個創造心靈控馭的研討會，約有兩百多名學生。有個學生問我，一個人要多久才能改變自我形象？我告訴他，可能是五分鐘，也可能是一生。

我的意思是我們一直生存於改變之中——生活的改變，以及你的自我形象改變。每天的生活不同，你也不同，你必須調節這些改變。每天都有新的內在與外在的問題，你必須處理這些改變，以邁向你的目標。

假如你無法調節，就會萎縮，就會造成身心無能。你向惰性屈服，向你創造性的生命力投降。所以你必須調節改變，你真的無從選擇。

前進或後退

強壯的自我形象的基本特徵就是**運轉**——運轉入人的世界中，運轉入你心靈裡另一個鼓舞的世界中。

設定你的目標，計劃你的成長，使你的心靈保有赤子之心。

不要以負面情緒阻塞目標的實現。對任何要完成的事，切勿說「不」。

假如你覺得你有權利，有快樂的價值，你將會發展這些運轉與成長的能力。

以強壯的自我形象設防，你將會對自己說：「前進！前進！」而非：「後退！後退！」

進取或空虛

以進取強化你的自我形象，激勵每天的行動。以目標激發自己，進取使你有完成目標的渴望。

每天將自己視為一個更美好的你。每天**欣賞**自己、**接納**自己、**讚美**自己。那麼你就會使自己熱中於積極進取。

進取的反面就是空虛——無趣的日子，冷漠的日子，死氣沉沉的日子。

你必須每天進取，甩開消極的空虛。

你的寶貴形象

你的自我形象就是你尋找自我實現時的偵察兵。沒有強壯的自我形象，尋找是一種緣木求魚。

這種自己的形象十分寶貴，沒有儀器能估計健康的自我形象的總值。你如何從你的心靈中洞澈自己呢？將自己扭曲成殘廢嗎？或是變得強壯？你的自我形象是你最寶貴的資產，每天都應該加以細心的建造、孕育及培養。當一個創意心靈觀察者，每天努力建構這種屬於你的寶貴資產。

當你建構自己的形象時，你正在往自我實現的大道上邁進。在一個不斷改變、嘗試的複雜世界裡，你仍可堅持快樂、成就與滿足的權利。

第3章

透過清晰思考達成自我實現

你為了實現自己而努力，非常認真投入。你不會期望奇蹟出現，你的協助來自於自己。

你不能期望中間人出現，你非常了解地球上沒有中間人能讓你有求必應。別人也一樣有他們生活上的困擾。

所以在建構你的生活的無數個今天中，為了實現自己，你必須依靠自己。

當這種見解將你帶離幻想與白日夢的王國，而進入實際的世界時，你要接納這個世界，因為它就是世界。童年時你可能生活於白日夢中而誤以為真，長大後就看穿了所有的白日夢。

在這個實際的世界中，在這個充滿紛擾的實際世界中，你要依靠自己——你的自我形象的力量。所以當我們學習時，你要建立這種關鍵性資產——你的**自我形象**。

現在我們來建一條高速公路，一條超級高速公路，採用最高級、最堅固的建材。這條高速公路可能直達紐約、芝加哥、洛杉磯、聖路易，或邁阿密，也可能不是。但它將通向你的自我實現，這是我們無形卻真實的高速公路最後所通往的目的地。

你正努力加強你的自我形象嗎？很好。你的自我形象是你的根據地，缺乏它，你的高速公路只是一條死路，無路可通。

現在我們堅決地邁向我們的目標——**自我改進**（self-improvement）。這是一個值得的目的，能引向自我實現。當我們注意到清晰思考的重要性，為了實現自己，你必須學習這種技巧。

對一個虔誠且堅定不移的唯物主義者（materialist）而言，除非清晰思考與他所追求的實體物品相關，否則根本不會看重清晰思考這件事。如果你不擅長清晰思考，如何能實現自己？當你思緒紊亂，又如何感受內心的平和？

我不會低估實體物品的價值，事實上我喜歡令人舒適的物品。然而，一個人不要高估這些實體物品。一個人可能擁有房子、汽車與豪華的傢俱，但如果思緒紊亂，仍不會有完全滿足的感覺。

所以我們要鑑定清晰思考的成分，才能掌握這種最重要的能力。

清晰思考的意義

我們先來研究清晰思考的成分。

你必須了解，打從一開始，思考本身就是一個價值非凡的目標，當你醞釀完成這種目標的渴望時，就是在做心理建設，因為努力代表著成就的發射台。

渴望是你的起飛點，也是讓你準備倒數的時間點，能加強你對外太空以及內在心靈的了解，對你的快樂舉足輕重。

你如何對清晰思考與創造性激起渴望呢？在追求美好生活與快樂時，你會一再發現思考的技巧是你最偉大的天賦之一。如果你不理睬它，就會忽視自己。早上醒來你會不吃早餐嗎？切勿忽視你在清晰思考上的能力。

清晰思考的意義是：專心地闡釋你的思考。

清晰思考就是三思而後行。一旦你能清晰思考就可以採取行動，並在行動時隨機應變。

清晰思考即反躬自省，不壓制天生的好奇。保持心胸開放，不會消極地依賴別人的思考，不放棄你的選擇自由。

清晰思考表示細察深藏在你內心裡的思考，像礦工深入地底採礦一樣。不會讓負面情緒反客為主，不會讓它惡意地蠶食你心靈中的富庶地區。

清晰思考也意謂著你是以自己的方式，完成建設性的成就。

從這種無價的天賦中，可發現你在你的心靈中扮演了許多角色，並將這些角色轉化為實際的目標——演繹出娛樂、同情、個性的顯示，以及抵抗和克服來自生活持續的壓力和困擾的能力。此外，清晰思考與強壯的自我形象的建立，也互有關連。

你的清晰思考就是你的實驗室。你在這個實驗室裡將素材組成創造性的思考，再轉化為行動。當你完成目標，即可增加內在的信心，恢復你的成功機制（success mechanism）的功能，培養同情、謙遜與自尊。

清晰思考也暗示了解你以及別人的需要。當你領悟內在的創造與破壞時，會驅策自己強化建設性的力量。

清晰思考會培養你的好習慣，努力聯結好習慣，會恢復你的成功機制的功能，克服生活的壓力。

在你學習清晰思考時，你就成為自己的判斷者——不是與你唱反調，而是與你站在同一陣線的同情的判斷。你並不是屈服於心虛，為自己的錯誤贖罪；而是寬恕自己，並提升自己。

為了達到自我實現，你必須領會**清晰思考是宇宙間最強大的力量**，也就是哲學家所說的**至善**（summum bonum）。

了解了清晰思考的意義之後，我們現在來討論清晰思考的成分。

清晰思考的成分

列舉如下，請一再研讀，我深信將使你受益無窮。

1. 專心
2. 渴望改進

3. 善體人意

4. 意願

5. 放鬆

6. 開發深藏的資源

7. 自律的習慣

8. 意志力的想像發展

9. 今天的鄉愁

10. 了解方向

11. 誠篤

12. 信仰的新核心

13. 當一個成熟的人

專心

不專心就無法清晰思考，是不證自明的。假如思考閃爍不定，就絕不能設定主題、抓準正確的焦點。

梭羅能在華爾騰湖畔孤獨地住了兩年多，仰賴的是在研究與思考上的專心。雖然在我們這個急促的世界裡，充滿奔馳的汽車、震耳欲聾的收音機，以及狂亂的人，但你也可以保有一定程度的專心。

專心就是集中思考。專心的思考者正面地邁向他的目標，尋覓他的主題，找出每一個可能性。

我曾在最近的一本書中，描述過一個年輕人獨居在一個遙遠的島上，他發現自己像梭羅一樣，從孤獨中發現了生活的意義。但我再強調一次，你不需要這樣做。從你的實際狀況以及你所了解與親近的世界中，為了清晰思考踏出第一步：**學習專心**。

每天關掉收音機或電視幾分鐘，使你的心靈免於煩惱、刺激，及芝麻瑣事的干擾，將焦點對準思考的肥沃之境。然後專心於你的思考，撇除分心與負面情緒。

你的目標是以最純粹最完美的方式思考你的自我領域。這是你的重要計劃，你的思考與心路歷程都是你的。所以，請專心吧！

渴望改進

我們都渴望自己更美好。我們常在探尋真實、明顯的目標：載明利息收入的存款簿、年收入、汽車等都是我們看得見的。但我們必須在我們的渴望中改進其中一項要點：**改進我們的思考能力**。

我說個故事。時間要回溯到多年前我還在一家醫院當實習醫生時——我常為過量的工作與睡眠不足所苦，當然收入也不好。我不會推薦那些想追求舒適生活的人去做這樣的工作。

我半夜常被無禮的叫醒，只因為許多懷孕的女人即將臨盆。我怨恨過重的工作。我非常討厭醫院裡一位外科醫生，雖然他的技術極高明，在此姑且稱他為B醫生。

我崇拜他，崇拜他靈巧的手、明察秋毫的眼睛，與快速的思考，他是一位傑出的外科醫生。但我恨他，對他的恨使我澎湃如一條泛濫的河流。

我對他的恨是因為他嘲笑我的害羞，而且有一次在我協助他開刀時，他侮辱我的技術。

我對B醫生充滿了怨恨，並誓報此仇。他的侮辱蹂躪了我的心靈，我認為他不可寬恕。

另一個實習醫生也有同感。我們都承認B醫生是個傑出的外科醫生，但也是個卑鄙的人。

後來，B醫生說他想跟我們聊天。他先對自己的行為向我們道歉，然後解釋他的困擾——好像是被一個朋友在股票市場上耍了，損失很大。我半信半疑地聽著這個我所恨的人訴說苦惱，我承認對他一點也不了解。

B醫生說我們崇拜他的手術技術，使他受到壓力，他對自己卑劣的行為，覺得更加羞愧。他懷著懺悔、謙虛的心情，送我們每人一支雪茄。

我告訴自己，我的怨恨現在變得勢單力薄，我從自私的煩躁中頓悟過來，我的思考能力又精進了一大步。

所以，你必須以渴望改進來培養清晰的思考，你也必須不懷惡意地去渴望及改進思考。

善體人意

不能善體人意就無法清晰思考，我在上段所說的B醫生的故事裡，我身為一個實習醫生竟發表了不實際的、過於偏頗的見解。我從沒想到他有責任嚴厲督促我，我不會體諒別人。

善體人意的人，自己說話，也聽別人說話，善體人意的人思考**客觀而合理**，很不幸這些都不容易做到。他關懷所有的人，跨越蒙蔽、狹隘、成見等障礙來清晰的思考。

意願

清晰思考不只是指對你的需要懷有意願，而且也希望**幫助別人**。你會超越自己，去關懷你的社區、你的朋友、你的國家。你將責任感從自己延伸到所有人身上。

我並不希望你過度犧牲奉獻，毫無保留地幫助別人，但當你聚焦於幫助別人時，你的思考將會更客觀。

意願與善體人意很接近。如果你同時注意到它們，你的思考會更清晰、更合理、更具創意。

放鬆

放鬆是你自己獨享的寶庫，能使**清晰的思考**在你的心靈生存。當一陣旋風吹進你的心靈，讓你一再暴怒，此時當然不能清晰思考。放鬆的心靈才能孕育清晰思考與自我實現。

我們在此僅對放鬆概略介紹，細節將在下一章披露。

開發深藏的資源

了解自己並不容易！打擊手在他沒擊出全壘打之前，並不知道自己擅長全壘打，他可能只知道自己肌肉結實、手臂有力，但不知道自己是個全壘打手。

假如你能從內心中發掘使你更真實、更具活力的思想與情感，就能鞏固你的自我形象，增加清晰思考的能力。

但是世界並非只有你一個活人，你必須下定決心努力開發別人深藏的資源，你必須嘗試去洞察他們的真我。

我相信每一個人都有深藏的資源，但他們卻嫌麻煩而不願去開發。我在醫院裡常聽到人說「沒希望了」，如果有人——經常只需要一個人——對他們表示一丁點的興趣與信心，他們就會打起精神。

抑制會使你無法發現你的全部資源。

幾年前，有一位德州的年輕保險推銷員來看我。他外貌英挺，說話條理分明，但不久我就發現他對自己和別人都太過謹慎，並隱藏自己的能力。

他說怕在一大堆推銷員面前說話，他在這種場合總是不願表現自己——抑制，坐著聽別人說話，輪到他談自己的經驗時就手腳發軟。

「你害怕什麼？」我問他。

「我認為我會犯錯，所有的人都不會尊重我。」

我告訴他，即使他犯了一百個錯仍是個好人，如果他能不抑制自己，並開發自己深藏的資源，他會覺得當一個人真爽快。

我還補充說，一個人只要能把握他的**真我**，不怕挫敗、不恐懼，就能更清晰的思考。

自律的習慣

清晰思考也是有紀律的思考。自律的人似乎是在懷疑今天，但是不自律的人不知道他所往何處。的確，自律能顯示你的潛能與現狀的差異。

你不能混亂你的思考，必須將思考導入**目標的設定**，必須設定潛力的極限，必須能分辨善體人意與自私。為了清晰思考，你仍然需要養成自律的習慣。

意志力的想像發展

你必須使用想像力來培養意志力，使你成功，更成功！

到你的儲藏室拿出電影放映機。

現在，在銀幕上播放影片。

你心靈的銀幕。

你看到了什麼？

你看到成功的影像——我們為今天所拍的影片。你必須在心靈中「**自我的成功影像**」加上想像，使你的意志為邁向成功而發展，以建立你創造成功的力量。

在你的心靈中，一再看到你過去的成功，以及美好片段。

適當的運用想像，建立你的自我形象，為清晰思考鋪路。

今天的鄉愁

你的鄉愁是為了今天，不是為了昨天。每天你力求自我改進，力求改進你思考的寬容度。

你從正確的焦距中看到了過去，但你不是生活在過去。你以過去為借鏡，不逃避現在。

你曾活在傷心悲痛中。

你忘得了嗎？

或許你不能。但為了今天對目標的專心，你沒有機會對昨天的傷痛分心。

偶爾你必須回顧過去，捕捉以前的歡樂與憂愁——但時間不可太久。然後馬上回到今天，這是一個清晰創意的思考。

了解方向

當你擊出一個高爾夫球時，我希望你能知道它飛往的方向；同理，你也必須知道自己思考的方向。

我曾住在曼哈頓一棟大樓的十八樓，某次由於停電，走了十八層樓梯，攔了一部計程車趕搭飛機。某些事情會讓我們回憶起黑暗生活中的衝擊——缺乏情感的啟迪，缺乏方向感。

而你必須知道所往何處。為求思考的清晰，必須使你的情感免於停電，把握你的方向，這是基本原則。

把握方向的關鍵在於內省。運用閒暇時間放鬆及內省自己，曉得自己**所站何**

處？所往何處？這些時間是值得花費的！

誠篤

誠篤是清晰思考的悸動。誠篤比誠實的意義更廣，誠實只是對是非的消極接受，而誠篤是一種辨明內在及與別人關係的**行動**。誠篤的人崇尚清晰思考，不會隨便推託自己或別人，不會白費力氣去清掃地毯下面的灰塵，因為沒有東西需要隱瞞。

培養自己的誠篤，你的清晰創意思考就向前更進一步。

信仰的新核心

假如你曾懷疑過去的自己，那麼重新相信自己，會給你帶來信心。

培養自己的這種信仰，但期望不要太大。你不能期望自己像羅斯福、甘迺迪、邱吉爾或艾森豪。

合理的搭配自己的條件，培養自己信仰的新核心。

有一次我到西岸華盛頓州的史波肯發表演講，這是一次愉快的經驗，我心情愉快，聽眾也很入迷。演講完後，有位律師走過來邀請我去他家，他的客戶中有四對夫妻正找他做離婚諮詢。他們都聽了我的演講，想自我改進。這位律師正在挽救他們的婚姻。

我說：「當然，我希望我們能幫助他們。」

律師的家很舒服，說話的氣氛有一點緊張，但都在盡量溝通。

後來有位丈夫走進浴室，我聽到他的太太說：「我原諒他，但我不會忘記。」

這種話表示沒有信仰的核心，並非真正的原諒對方。她不但對丈夫缺乏信心，而且對自己也缺乏信心。

你需要的是**全心的信任**自己及別人，這樣才能使你清晰思考，這是你發現心靈平和的內省能力的真諦。

當一個成熟的人

所有清晰思考的成分，都是當一個成熟的人所不可或缺的。透過**清晰思考與果斷的行動**，才能成熟與自我實現。從清晰、合理、創意的思考中，才能獲得成熟、安全、快樂與內心的平和。

到此我們已將清晰思考的成分全部分析完畢，希望你能馬上運用在自己身上。

尋覓自我實現

歷史上記滿了人尋覓自我實現的例子。各式各樣的人——哲學家、社會改革家、政治操縱者、空想的理論家、經濟學家——都針對思考體系與社會力量的秩序，尋求各種解決方式。

我強調的是你尋覓自己的實現。

針對你的自我形象的健康與強壯。

針對你清晰的、一致的、合理的思考能力。

我相信本章的分析能豐富你的思考力，推動你邁向你的自我實現。

第4章

放鬆的十種方法

放鬆的追求，是一項無止盡的尋寶。我們在一個狂亂的時代中無休止地、飢渴地尋覓放鬆，而煩惱的人卻忘掉了如何放鬆。許多人認為在這個喧擾的世界中，感受不到放鬆。

但是，放鬆的追求是我們尋覓的重要目標，一股內在的安詳，我們的心如風平浪靜的海洋，一片悅耳的小提琴聲。

當我們邁向自我實現的目標時，必須研究影響放鬆的各種因素。沒有放鬆，沒有內在的平和，就沒有持續的自我實現。

你的生活過程不會經常不勞而獲，沒有神魔鬼怪聽候你的命令，為你提供一道叫放鬆的佳餚。戳破這種幻想吧！放鬆是一種個人的追尋，一種個人的成就，你必須去尋找，為它而奮戰。不會因為你有銀行存款、汽車、房子、僕人或鋼琴，甚至是股票、房地產或一棟大樓，放鬆就自動前來。上述物質上的成功因素對你可能很重要而且有益，但是它們不會自動使你放鬆，你必須設法使自己放鬆。

本章我們將簡介放鬆的十種方法。

首先我們來了解一下何謂放鬆。試想一下，如果你把放鬆當作一筆房屋的頭期款付出去，你會發現別人小心翼翼地看著你，似乎想把你關進籠子。而如果你把放鬆當作存款放在銀行戶頭裡，你會發現行員會告訴警衛靠近你一點，以防萬一。好吧！所以放鬆不是具體的東西，但仍很珍貴。

它的珍貴在於一種**活潑富足的相互影響**。你將你的放鬆傳給他人，你就幫了他們一個大忙。別人將他們的放鬆感染給你，你會感受到一股感激的鼓舞，因為他們使你滿意於自己的活潑。

反之亦然，假設你與朋友心情愉快地走進一家餐廳，坐下來，侍者來問你們點什麼菜。他緊張又煩躁，你會同情他並盡可能使他輕鬆一點。但為什麼他仍然徘徊在你們的桌旁，擺擺餐具，再斟滿茶水，問你為何叫他？不需多久，他的緊張就蔓延到你們身上，使你們也煩躁，本來這是頓愉快輕鬆的晚餐，現在整個氣氛都緊張了起來。

當然這只是一個例子，我同情那些為工作而緊張的人。但是就放鬆以及放鬆的蔓延力而言，這個例子就顯得很重要了。

這是自我實現的路上關鍵性的休息站，如果你繞過休息站，就到達不了心目中的目的地。

放鬆——獻給你

現在我們開始邁向放鬆的十種方法。

1. 放鬆的需要性
2. 享受
3. 偷得浮生半日閒
4. 了解自己的極限
5. 再生
6. 稚子之心
7. 克服緊張

8. 真實保障的保險
9. 切勿掉入明天的圈套
10. 心理調和

放鬆的需要性

請注意，沒有電梯可直達，我們需要確定行事的規則與技巧。如果我們是要追求放鬆，就需先將它設定為我們的目標。

我們必須了解放鬆什麼，我的意思不只是指身體的放鬆，我不主張以持續不斷的努力或複雜的手段來謀求身體的放鬆。例如睡眠，許多人睡不著覺時，會數羊或喝杯熱牛奶，目的是為了好上床睡覺。

前腦（forebrain）主控生活中樞，使你能以放鬆獲得自我實現，但卻無法控制你的意志及使你的目標具體化。如果你渴望放鬆，可以用中腦的輔助機制來獲得。

所以在你追求放鬆時，讓你的輔助機制以**它的**方式來侍候你，千萬不要以**你**

的方法強迫它。因此你該了解身體活動可以為你做放鬆的準備，但不見得能達到放鬆的結果。

那麼你對你的放鬆一點也幫不上忙嗎？當然不是。你是以下列因素對它迅速採取行動：

- 放鬆的渴望。
- 克服阻礙你渴望放鬆的負面情緒。
- 建立你的自我形象。
- 面對壓力的生活能力。

享受

放鬆就是享受，是一種不破壞快樂的生活能力，是一種不向逆境屈服、充滿彈性的生存能力。

懂得享受的人不怕新奇，不怕改變。他活在當下，背向過去。他鼓勵放鬆，因為他崇尚歡樂的生活。

緊張的人會賦予別人力量來批判他。但你應評判自己，對自己做一個明智而同情的評判；**不要有罪惡感**。

你是一個人，不可能十全十美，但是有快樂的權利，可以培養享受的能力——這是所有人與生俱來的權利。

不要有罪惡感！享受！放鬆！

我舉個例子。有一個人來找我，他說需要幫忙。我會和他說話嗎？我會的。我們坐在我的起居室，我看著他，將近五十歲，表情嚴肅，看起來不太會享受生活。

他多年來一直當建築工人，參與許多棟曼哈頓新摩天大樓的建築工作。

我說：「你有個好工作，你是個建設者。」

他的表情非常嚴肅，他說：「我猜也是如此。」

「你從事這工作很久嗎？」

「有一段時間了。」

「為什麼你要來找我？」

他說：「我從不喜歡自己，我忍受不了自己。」

「為什麼？」

「我不知道。但我就是不喜歡自己。」

我看著他。我認為他過分嚴肅的表情不只是一時的，看來他不懂得享受的意義。

我如何幫他呢？我對他需要更多的了解。

他說了一些生活上的困擾，讀中學時有位老師罵他笨，他忘不了這位老師的批評，並以同樣的態度批判自己。從此以後，他在學校的表現奇差無比，考試作弊不只一次，終於輟學。此後他就自認為是個失敗者。

諷刺的是，從那之後他一帆風順。進入建築業時，正好嚴重缺工，多年來從不必擔心飯碗不保。他當過兵，已婚，有五個孩子。他的長女正就讀大學，看過我的書。他向長女借來看，很喜歡，決定來找我，或許我能幫他。

「我不喜歡自己，從當孩子時就不喜歡自己。」他又重複地說。

「為什麼不喜歡？你認為你有什麼地方不對勁？」

「我不知道，」他又說：「但我覺得不高興——而且受挫。我在高樓上工作時，有時自問為什麼不跳下去，讓一切了結。」

「然後呢？」

「我想到了太太和孩子，所以跳不下去。」

「你自己呢？你的生命呢？你的自尊呢？」

他聳聳肩。

「假如你想跳，」我說：「不要從摩天大樓上跳下來。你應該從負面的自己跳出來，肯定自己是個成功的人。」

「我？成功？」他的表情嚴肅。

「你認為我在說笑話？」我說：「如果你認為它好笑，為什麼不笑？」

「我為什麼要笑？」

「你看起來好像從來沒笑過。」

「醫生，」他說：「搞什麼嘛，我為什麼要笑？」

我說：「從另一個角度看自己吧！你失敗過，但人活著難免偶爾會有挫折感。我也有，為何你不該有？每個人難免失敗，但應該正視你的成功。撇開過去，注視你的成就。這些年來，你的工作穩定規律，你早已成人，結婚，有五個孩子。孩子已逐漸長大，還有個女兒讀大學。你努力工作支持他們，看著他們長大，你不認為這是成功的一種嗎？」

他的臉上笑容不多，但確實露出一絲微笑。他說：「我從沒這樣想事情。」

「不要老是想到你的失敗，」我說：「你也有成功的一面。多想想這一面，你會常笑，會了解享受的真諦。」

「謝謝。」他說。

「多聯絡。」我說。

偷得浮生半日閒

偷得浮生半日閒是一個活動，也是一個複雜的過程。你可能認為很簡單，事實不然。

我們並非只是工作機器。優秀的工人及生產者，都知道如何尋找空閒，如何放鬆自己享受空閒。

二十四小時賣力工作，效率不見得更好。這種人常發現自己的精神緊張，不注重更新，懷著挫折與疲憊工作，而且不專心。

你是不是也太忙了？很多工作是否都要靠你做？有可能，但我不相信。

我也有很多工作——寫作、演講、幫病人做整形手術，這些都是我的工作範圍——但我有休閒時間，我有責任為自己尋找空閒。

你也應該同意我的看法。孤獨是一種生活方式，會使自己逃避責任，但**片刻的孤獨**反而具有心理治療的作用。

運用寶貴的時間培養新興趣，設定新目標，發掘自己嶄新的一面。

了解自己的極限

你必須設定目標，了解自己的極限，曉得休息的恰當時機，然後才能放鬆。

切勿期盼做超越自己能力的事。**能力多大就做多少事**。你不是軍隊，也不是超級大公司，只是一個人。

要合理的限定你的目標，年齡、氣質、自我形象及經濟狀況，都是你該考慮的因素。我認為如果你所設定的目標，經常在測試你的能力極限，你會覺得緊張、挫敗。

我小時候住在紐約曼哈頓人口擁擠的下城東岸，整天亂跑閒逛，整個夏天玩得很野。這些是我當時的目標，我非常喜歡。

我今天還會這樣做嗎？當然不會，這是身體活動受制於年齡的明證。你必須敏銳的知道在設定目標上的其他限制。

切勿強迫自己超越你的能力。放鬆與壓力一向背道而馳，活潑地更新自己，實現新目標。

再生

現在你的內心正在舉行一種特殊的改革——沒有流血與暴力——你的**真實自我**的再生。

你在探索你是誰，你在尋覓自己的優點。

在這場改革中，你不需要到街頭示威。你並不是要破壞，只是在做一些建設。

你需要的是一把椅子，在你坐的地方做個記號。這把「思考椅子」並非固定不動，但也不像搖椅一樣前後搖動，它隱含著一股充沛非凡的力量。它是在你一生最刺激的冒險中的發射台與推進器，它建立了你內在的堅強、自重與獨立。它是你的飛天魔毯。懷著創意與平和的心情，更深刻的洞察力，就能乘著它飛進實際的世界中。

二十世紀最傑出的大提琴家卡薩爾斯（Pablo Casals）最近過九十歲生日，很多人到他這把年紀不是談論病就是死。他說，每一天對他而言都是一次再生。

稚子之心

養顏有術，**情如稚子**，多麼了不起的事。對那些投降於年齡的人，這是一個高危險度的冒險。

即使你已年高六十五，若仍不困於自己的年齡，你就是個年輕人。雖然已停止從事不容許你年齡的活動，你的思考仍然年輕、活潑。

你拒絕過著許多老年人的消極生活，你活得生氣蓬勃。

你放棄許多老年人的過氣思想，你把握今天活著。

不論年輕與否，稚子之心能使你放鬆。

這些見解對今天的年輕人也很有價值，能讓你將未來的歲月視為冒險、刺激，全心投入這個世界裡所有的生活與參與。

克服緊張

現在是一個噴射時代，噴射機呼嘯過高空，拉近了世界各地的距離，並促進許多的利益——對我而言，它使我在科羅拉多州的丹佛市演講之後，在最短的時間內回到紐約處理公事。

快速好像增加了我們的緊張。環顧你四周的人，可以從他們的表情、聲音，與手勢感覺出緊張，這種緊張會使胃腸痙攣。

如何克服這些緊張呢？

肌肉無來由的收縮，蹙額皺眉，上唇飛翹，眼跳，呼吸急促，胸口起伏，咬牙切齒，以及雙唇緊閉，使下顎肌肉疲勞；這些都是緊張的徵兆。

那麼，我們如何來克服呢？我們如何將臉上的緊張放鬆呢？

現在，保持你的想像，看看你「心靈上的臉」，皺著眉，浮現出迷惑的神情，咬牙切齒。現在張開嘴巴，**微笑**，放鬆就會隨之而來，因為你無法緊繃著臉還能開口微笑。

繼續保持這種姿勢，放開你的雙手，感覺如何？

現在花一點時間——即使五分鐘也有幫助——對自己說話：上主創造你是要你追求成功而非失敗，祂將你創造成一個與眾不同的個人。你不是只有缺點，而是有價值的人，這一生做了不少好事。

提醒自己過去的成功，並再次**體會**它們。閉起眼睛，專心想像這些過去的成功，將它們帶入你的心靈，直到這種成就感再生為止。

接下來要做的是：

再閉起眼睛，以你的**想像**透視一座噴泉，思考這種象徵，視為鬆弛緊張與壓力的象徵，即使幾分鐘也好，讓緊張像噴泉之水一樣，從你胸中噴曳而出。

我舉一位女人克服緊張的故事。

她的丈夫已過世，他們都約六十歲。他的死對她是個大打擊，她很愛丈夫，但一直放鬆不了。

她有一個已成年的女兒，這是個慰藉，但她發覺時間又慢又長。她並不缺錢，丈夫讓她後續的生活衣食無虞。但是時間難捱！她生活得既空虛又緊張。

她想該是讓生活回到正軌的時候了，她的方法簡單實際。像她這種年齡的女人能做什麼呢？

她去當保姆。她個性友善，心地又好，適合這項工作。她很細心，每天電話不斷，生意絡繹不絕。

與孩子們相處使她心情愉快，孩子們的靈巧與歡樂，使她的生活更具意義。她也讓孩子們愉快，像來回拍出的排球一樣豐富了彼此的生活。

六十歲的她摒棄退休的消極觀念，使自己以投入工作來追求快樂，紓解緊張。

她並沒有發現烏托邦——她如何能呢？但她盡力過好現實生活，克服了內在的緊張。

真實保障的保險

許多人以各式各樣的保險來保護自己，他們為自己的生命、房子，以及汽車投保。但是，假如你追求的是真實的保障與自我實現，放鬆才是最好的保單。

你需要三項保險建議：

1. **不要害怕失敗。**這種負面想法只能使你緊張，成功的人知道自己偶爾也會失敗，但他坦然面對。
2. **不要期待完美。**每天都有新的困擾、衝突與挫折，了解這一點會使你心情更輕鬆。
3. **不要輕視自己。**記住，你只是一個有尊嚴的人，不要嘲笑自己，不要與自己為敵。

切勿掉入明天的圈套

放鬆的人為**現在**而活，不會因為**明天**而抑鬱不樂。的確，懶散的空想會讓人陷於挫敗與緊張。

明天型的思考者是全球大型「明天股份有限公司」的終身職員，他將每天、每星期、每月、每年的事情，都留到明天才做——而這個明天往往不會出現。

我們需要休閒以調節自己，為自己做準備，找尋娛樂，在生活的危機中找補給。但如果你一再對自己說「明天再做」時，等於是在拒絕以上的好處。

「明天股份有限公司」或明天，不論你如何稱呼，都只會造成失敗。

不顧衝突、不完美、困擾、危機，邁向你的目標，並切實執行。

縱使失敗了，你也能獲得更多的鬆弛，因為你知道自己已盡了全力。假如成功了，你會獲得最大的放鬆。

心理調和

渴望心理調和是放鬆的一個重要觀點，它能使身體肌肉調和。在你令自己排除負面情緒、發掘內在活力時，就擁有了調和的特質。

考古學家最近在阿提卡（Attica）的東海岸發現了希臘的古物，他們挖出了十五個刻有幾何圖形的木花瓶——這些古物在世界上還是首次出土。為了避免當地潮濕的空氣侵蝕這批西元前五、六世紀的木製古物，考古學家將它們送到三十七公里外的雅典保存。

還有一位美國大學教授在希臘發現了一個三千五百年前邁錫尼（Mycenean）文明時期的遺蹟——包括寺廟、宮殿、民宅，以及城市下水道。

我們因此獲知了許多古文明記事。

如果我們能像考古學家一樣，挖掘內在的自己與內在的調和，也能發現貯存於我們內心的財富——我們的誠懇、自信、人際關係的能力，我們求美好、求成功的渴望。

要用鐵鏟挖囉！

準備好沒？

開始挖掘。

將你內在的財富挖出來，讓它們伴著你放鬆。

再一味：寬恕

你喜歡吃歐姆蛋嗎？將蛋平煎，加一些洋蔥、乳酪，或番茄醬……好，你做你的歐姆蛋，我做我的，或許我不會告訴你我的製作祕訣。

在這個喧鬧、動亂、不安全的時代，要想放鬆確實需要祕訣。

但是我們遺漏了一個基本因素——寬恕。

沒有寬恕就放鬆不了。不論你獲得的是哪種成功，你爬上的是哪座山，不論你如何享受休閒，如何界定美好目標，內在的負荷會一直令你痛苦。

寬恕並不容易。如果有人冤枉你，使你受到傷害，你怎能原諒他呢？

給你兩個建議：

1. **以別人的眼光看事情**。那麼你就能了解自己的看法並不完全客觀，可能考慮不夠周全。

2. 不要懷恨別人。你所恨的人並不知道你對他的看法，你是個懷恨的人，你以敵意禁錮自己。

所以，你必須寬恕傷害你的人，這能讓你免於傷害自己。也就是說，你必須學習寬恕自己。

寬恕自己過去、現在與未來的過錯。如果你從不犯錯，就不是人。你太完美了，沒有人想跟你結交。

你必須原諒自己的失慮輕率，原諒自己的不負責任，原諒自己不是個好父母，原諒自己不是個好子女，原諒自己不是個好兄弟姊妹，原諒自己不是個好朋友。

你必須原諒自己的不專業，原諒自己的太怯懦，原諒自己的過度自信。

你必須原諒自己的迷亂，原諒自己的壞脾氣，原諒自己的不當決定，原諒自己的愚蠢，原諒自己的剛愎自用。

你知道自己並不這麼壞，寬恕自己做人的所有不完美。你是人，不是神。

當你寬恕了自己，就能大步邁向放鬆。

解放與放鬆

最後，我們希望你能解放自己。

二次大戰時，德國瘋狂的納粹黨橫掃歐洲，無辜的千百萬受害者四處逃避。有的到拉丁美洲與亞洲，有的到美國。

有位逃離納粹統治的中年女人多年前來找我，要求我為她手臂上的疤痕動手術，它讓她想起那些陰森恐怖的日子。她現在安全地住在美國，她的家人都死在集中營，有個男人向她求婚，她希望先去掉手臂上的號碼疤痕，再開始新生活。我幫她做了，她跟那個機械師結了婚。

她是一個被納粹迫害而離鄉背井的人，深愛著死在集中營裡的家人，但她還有一段漫長日子要活。她從恐怖的經歷與迫害的回憶中，解放了自己，邁向新生活。

你也必須同樣的解放自己。你必須使自己脫離負面情緒、怨恨、失敗的恐懼，不再折磨自己。外面沒有對你趕盡殺絕的蓋世太保，但是你要抵抗自己內心的蓋世太保，重建自我。呼喚你的勇氣與自尊來克服負面情緒，使你真正感覺是一個自由人。只要能採用本章所提放鬆的十種方法就能解放自己，這是你尋覓自我實現的主要步驟。

第5章
想像與自我實現

一加一等於二，二加二等於四，數學滿足了我們生活中所需的精確。我們要正確的衡量事情，要知道正確的時間，要了解到底在銀行裡存了多少錢。我們要的是精確的了解而非猜測。

但生活中的每一件事情並不如此精確，許多無形的事物無法用數學分析，也難以估算其價值。

我們活著，設定目標，選擇策略，為生存與理想的實現擬訂計畫，我們向內在求援，希望我們的想像賦予自身力量。

想像！不能裝瓶，不能封罐，也不能成捲。

想像！不能吸，不能吃，也不能喝。

想像！看不到，抓不到，但確實存在著。

英國詩人布雷克（William Blake, 1757-1827）有段詩：

一沙一世界
一花一天堂

手中掌握無限
剎那即是永恆

布雷克不朽的詩句，表現了創意想像最生動、最精確的力量。

只有少數人才擁有創意想像嗎？只有詩人、哲學家、藝術家與發明家才有嗎？我實在不敢苟同。因為我們都有想像，它像手、腳、心與腦一樣，是我們天生的一部分。

孩子為他們的洋娃娃取名字，創造新語言，以他們所扮演的角色形成新關係。他們雖不實際，但以自己的想像來讓他們的世界充滿歡樂。

成人因為有實際上的箝制，無法任想像自由馳騁，必須隨時顧到他的責任與別人對他的需要。生活在這個充滿自動化與一致化的世界裡，一切都各有所循，按部就班，所以我們對想像的自由馳騁也就飢渴萬分。

不過，你必須把握應用想像的能力，敏捷使用這種能力：放寬範圍，運用你的獨創力與獨特性，有系統的督導目標的實現。

創意想像是成功者的本質。你用不著成為愛迪生、莎士比亞或愛因斯坦。你是人，也有想像的能力。

它可能被忽視、被隱匿、被遺忘——但它確實存在。

想像就是心靈中的形象成長，這些形象能**創造你的福利**。如果你在心靈中建立了健康成功的形象，就可以按自己的方式建立一個奇妙的自我形象——一個你喜愛的形象。

運用你的想像是令人滿意的專職工作。當你離開辦公室、倉庫或工廠時，它仍然伴隨著你，它是你的一部分——像你的血液流動與心跳一樣，想像的確是自我實現的心跳。

創意想像屬於每一個想擁有它的人，不論貧富、年齡與職業，我們都可以運用想像為老問題找新答案。

想像的組成因素

現在，讓我們來研究想像的組成因素。

1. 好奇的心靈
2. 動機
3. 行動
4. 目標的設定
5. 啟示
6. 航海術
7. 成就
8. 自己的真理
9. 改進
10. 為進步定向
11. 欲望

好奇的心靈

這是創意想像的根源，你對自己、別人、事物，以及你的世界追根究底。好奇心來自你深邃的生命感，來自你對周遭的興趣，來自你對生活的涉入；你不願陷於平凡無趣，勇氣增加了你的好奇心。

你追求真理與學識。你是一個調查者，是一個私家偵探，是一個解決現代生活問題的現代偵探。

貝爾醫生是個高瘦的男人，頭髮濃密，臉色白皙，手指修長。他坐在愛丁堡大學的診斷室裡，第一號病人走進來，貝爾醫生以銳利的蘇格蘭人眼神很快的看了他一下。「各位，我們來看看這位是什麼人？修鞋匠？我相信，因為你看來好像是一流的修鞋匠。好了，我的好客人，你不就是個忙碌的左撇子修鞋匠嗎？」

這個病人不知所措，貝爾醫生沒見過他。很快的做了診斷，接著進來第二號病人。

「當兵很久了，對不對？在印度服役——阿富汗邊界吧？你的腿傷得很重。坐下來，放鬆，腿不要出力，我們會醫治你的腿。」

偉大的貝爾醫生不見得每次都說對，但也八九不離十，有些學生認為他是個魔術師。他怎麼變魔術呢？

貝爾醫生說：「觀察。」

學生們也在觀察，但沒有人能看出第一號病人是個修鞋匠。

「很簡單，你注意到他的長褲吧？由於經常修鞋磨損了褲子，而且右邊的磨損比左邊厲害，所以他是左撇子。至於第二號病人，從姿勢上就可以看出他是個軍人。古銅色的皮膚，表示服役地點一定是炎熱的地區，那就是印度了。他的跛腿大概受傷十年，英軍十年前在印度的唯一軍事行動，就是在阿富汗邊界。」

當你聽了他的解釋，當然覺得很簡單。

偵探故事通俗迷人，我們崇拜偵探的聰明，看著他使複雜的問題水落石出。當偵探很刺激，我們都很幸運，也能以憑一己之力當福爾摩斯，運用我們的想像與心靈探尋萬物。

以你好奇的心靈當一個偵探，你的問題是：解開你無止盡的、令人難以相信的複雜個性。

找出你愛與恨的原因，追蹤你的內在敵人——**缺點**，它是你害怕失敗的原因之一，惡意的欺騙你，如果你能將它曝光陳列，你就是個自由人。

如果你能偵察自己，將獲益匪淺。任何一流的偵探都無法以他們的才智追蹤你的邪惡，但當你成為自己的福爾摩斯時，不但能追蹤罪惡，而且能為你帶來美善。

當你發現這些美善時，你就是個大偵探。以發現的美善建立你的自我形象，能引導你回顧過去的成功，追求新的成功。

動機

當你在想像時，就是改進自己的動機。如果你的**動機正確**，即可在想像中擬定有益的目標，並在實際中將其具體化。

換句話說，你一定要成功。你必須為自己追求美好的生活，必須要建立一個充滿成功形象的想像，必須撕裂會造成失敗的負面形象。

你必須督促自己，視自己為一個有價值的人。

行動

想像帶來行動，想像絕非消極。內外在的活力與動力，會因為環境的需要而每天不斷調節，追求放鬆與快樂。

想像不被運用而任其隨意流逝，將無助於你的思考與形象。正面思考令人驚嘆，但你應準備更進一步——**正面行動**。為你的輔助機制加油，然後踩足油門加速，以便邁向你的目標。

著名演員勞倫斯・奧立佛曾演過哈姆雷特。他不是哈姆雷特，你知道，他也知道，但是他演得唯妙唯肖，讓你相信他就是哈姆雷特。

你也可以連結想像與行動。你每天都是演員——我們都是——你能以健康的形象與探尋的思考加強你的想像。將你想像中的健康面——你的成功形象——付諸行動，創造自己成為一個成功者。

積極運用你的想像。

將它設定為你每天的目標。

成功地建立你對自己的想像形象，每天培養自己在過去、現在與未來的美好形象。

將你全部的想像力運用在實際生活上。如果你能以果斷的行動再加上創意想像，那就正確無誤。

目標的設定

創意想像就是目標，目標透過想像才能成形，想像使欲望成熟。如果你缺乏這種設定目標的欲望，那是你的疏忽。但基本上這種講法不會成立，不論你是誰，面對的環境如何，都有生存與快樂的欲望。

先設定你的目標。由大目標開始，繼而是簡單基本的小目標，最後再進級到更複雜的目標。

運用想像協助你設定目標，了解心靈中會令你快樂的實際目標。

啟示

想像也是啟示，必須以能賦予你新生活的方式來運用想像力。以不同的方式獲得啟示。有時我閉上眼睛，靈感就來了，我的心靈之幕浮現了父親的影像。前面我提過，父親已過世，在此我要敘述的是如何將他帶進我的心靈生活裡。

我閉上眼睛，又看到他，像是昨天才看到他那麼真實。寬濶高挺的雙肩，銳利的眼睛，一把修剪得很整齊的大鬍子。他從奧地利移民到美國時一貧如洗，或許這就是他穿著如此整齊清潔的原因——昂貴的西裝、絲質襯衫、領子高而硬挺，以及奢侈的配件。

對我而言，他的重現給了我靈感。

我老爹喜歡管閒事，常調解鄰居間的糾紛。他喜歡助人，他說這樣可以使他忘掉多年來的風濕痛。

有一天，隔壁的少年東尼正被追逐時，我老爹來解了圍。另一個少年懷特尼拿著一把小刀準備修理東尼，威脅要劃傷他的面頰，當時我老爹正坐在碼頭欣賞紐約東河的景色，東尼匆匆忙忙跑來，喘著氣對他說：「懷特尼在追我！」

我父親告訴他不要擔心，叫他躲起來，我父親會應付懷特尼。

懷特尼追來了，在尋找東尼。

老爹友善地和他打招呼，問他是否認識東尼。

懷特尼說認識。

老爹說：「我認為東尼會是個優秀的布料設計師，我正想叫他到我店裡來實習，懷特尼你可能也有興趣。」老爹站了起來，接著說：「當然，如果東尼有個三長兩短，我會很不高興。」他以誠懇友善的方式，輕輕拍著懷特尼的背部。

事情當然化於無形，我相信當晚老爹沒有風濕痛。老爹總是做這類事情，他維護社區安寧，我以做他的兒子為榮，決定以他的信仰為榜樣。

當我沮喪或情緒不穩，有時會閉上眼睛，沉湎於我的想像之中：我又看到父親，看到他的整齊衣著，高聳的雙肩，在硬挺的領子上堅定的眼神；我記得他是個好丈夫、好父親、好鄰居，以及他如何在壓力下伸出援手。

它偶爾令我憂傷，但也給了我啟示。

你的想像也能給你啟示。

航海術

想像也是航海術。你是現代的哥倫布，航行在你的想像中，航過挫敗之海，邁向新的水平線，航向一個新港口，一個新的自我形象。

當你航過心靈廣闊的空間，發現自己內在的世界並非充滿空虛與失望。像哥倫布一樣視你的心靈世界為一個圓，**成功與希望**圍著它繞行不絕。

在你創造新的正面情感時，要推翻過去的破壞性情感，改進自己。

成就

以你的想像創造自己的豐功偉業，清除使你喪失內在安全感的殘渣。

你的放鬆與知足——**成就的滿意**——存在於你的想像中。

一旦你不把想像運用於成就，而是造成你的自我破壞，那將是個悲劇。

有個人最近來找我，提到他的困擾，看我是否幫得上忙。這個可憐者的想像像個破蜂窩，千瘡百孔，幾乎沒有成就，他的想像出賣了他。

他約四十歲，尚未結婚，在他兄弟的店裡打雜。他想結婚，希望因此改進自己，但談何容易。

他的心思怪異。他住在醫院附近，一看到靈車或救護車駛過，就要去洗手。如果不洗手，就認為自己會死。

他說這些怪異驚駭的恐懼，在他的想像中縈繞不滅。「我不洗手就會翹辮子！」他反覆地說：「我會翹辮子，如果不洗手的話。」

我認為他在許多方面都很理性，但他在這些可怕的恐懼中迷失了自己。如何幫他呢？他去看過身心科醫師，是否對他有幫助？我不知道。我決定盡力幫助他運用想像獲得成就，而不是自我破壞。

「形容一下你的父母吧！」我說。

「他們都是好人，都信仰上主，但我母親不愛我父親。」

「你怎麼知道？」

「她不喜歡陪他，她花很多時間照顧我，作為逃避他的藉口。」

我們談了很多。我想他可能因母親對他的過度保護而有罪惡感，而且他討厭父母。他的一再洗手或許是象徵洗掉罪惡感。

那麼，我應如何幫他將他的想像，從負面運用轉化為正面，也就是對成就的興趣呢？

我記得我是這樣說的：

「或許我幫不上你，但聽聽我的話可能也有點用處。過去發生在你身上的任何事情，都不是你的錯，你不需要有罪惡感。我知道你的生活並不舒適——你的兄弟已婚，而且是你的老闆，你的妹妹也嫁了，你覺得好像是這個家裡最沒用的人。

「你應該撇開這些可怕的恐懼。你應該生活於現在，每天早上醒來就設定目標對抗恐懼。

「我知道這樣做對你很難，但你必須盡力設定目標，建設性的運用你的想像來實現目標。

「記住，你的生活屬於你，盡力試試。如果我的說法幫不上你，或許有人能，但盡力試試。想像你生活中的任何成功，一次又一次的透視它們，這樣應該能對你的生活盡一點力。祝你幸運，希望你能發現自己。」

事實上，我不知道這個人之前發生過什麼事，我倒覺得前面提到的建築工人懷有更大的希望，但或許我上述的一段話，能幫這個人運用想像獲得成就。我希望如此。

無論如何，你必須避免重蹈覆轍——誤用想像。你必須運用想像創造豐功偉業！

自己的真理

創意想像也是對自己的真理的探求。為你的想像定一個焦點，避免受到汽車的喇叭聲、收音機的吵雜聲，以及四處可見的電視廣告影響。以你為探求的對象，從前後裡外來鳥瞰自己。

從想像中探求你的資產與負債。能專心改過固然不錯，但稍嫌不夠，你仍然需要多注意你資產的變化。你必須珍視並運用這些資產，保持你成功機制的所有功能。

假如能正視過去，即能以過去的缺失為鏡，不再重蹈覆轍。我的意思並非鼓勵你憂思過去的缺失而自責，真正的目的在於正視過去以迎接今天的生存挑戰。

最後，從你的想像中為今天擬計劃，必須從你的心靈中看出一些今天的機會。切勿參與自不量力的競爭，因為它無法發揮你的全部潛能。重點放在**改進自己，與自己競爭**。你應該力求逐日、逐月、逐年成為更成熟、更完美的個人。

改進

在你的想像中持續不斷發展你的正面意向，瞄準你自己的改進，不用在意別人的屈辱。

什麼是你的意向？是模仿別人？還是改進自我的形象？

假如在你的心靈中懷有別人的形象，就無法獲得真正的成功。必須培養自己的形象，培養自己真正的信心。

世界上所有成名的運動員都撇開失敗只考慮成功，你也可以依樣畫葫蘆，不過請注意，你考慮的是你的成功。改進才是你的目標，起點就在你內在的寶庫——**你的想像**。

為進步定向

創意想像是指你知道你是誰，所居何處，所做何事。避免使你的想像充塞會滋長負面思考的毒藥，排除恐懼、焦慮，與可能引起不良後果的無止盡苦悶，評估你所面臨的可能性。

在設定實際而鼓舞的目標之後，從想像中分析你的人權。告訴自己，你有實現這些目標的權利，你像任何人一樣擁有很多權利。不要看不起自己，你像任何人一樣好，確信這一點。

不要對自己期待完美，否則會反對進步，而不是為進步定向。因為你對自己的要求過高，除了失敗還能獲得什麼？上主創造你成為一個「個人」，一個與眾不同的人，不是一個完美的人。

不斷透視你的成功，讓成功的感覺重現，在想像中一再回味。當你吃一片可口的牛排時，或許會在嘴裡多含兩、三秒鐘，以便品嚐它的精緻美味。同樣地，讓成功的形象在你的想像中復甦，再度品嚐，它們也是很香醇的。

這是一個有效的進步定向。讓它發生效果吧！

欲望

欲望使你能利用心靈中的建構動力，想像中充滿欲望即能得心應手。不論晴雨，你都不可缺乏這種正面的欲望。有時你難免會被挫敗所苦，那也不用太在意，即使心情不好，也應使你的想像保有這些欲望。

明天是一個嶄新的日子。

你的想像力

你的想像中有一股龐大的力量，存在於你形象中的潛力常搖擺不定。愛倫坡和卡夫卡都是文學大師，他們擅長以自己的超級天賦與怪誕隱喻創造了一個不可思議的恐怖世界。你或許對他們的作品很入迷，讀了之後應該會很慶幸這個世界雖不完美，但至少讓人安心。不過，假如你將小說中恐怖與不幸的想像投射到生活當中，把人都看作是怪獸，自我實現的機會就很渺茫了。

再重溫一次本章，領會你培養出來的巨大想像力。運用得好與壞，完全取決於你，歡樂或悲傷都視你如何運用想像力而定。

你可以像布雷克一樣，透視「野花中的天堂」。

透視你自己的美好與成功。

你的想像力是你的超級力量。

我希望每一個讀者，能以建設性的方式運用自己的想像力。

第6章

自我接納與自我實現

自我實現的尋覓是無止盡的，我們在尋覓中追求生活的目的。

或許你無法實現某些目標，例如：年薪不夠高，永遠買不起一部新凱迪拉克，永遠不可能環遊世界。沒關係，我希望你能實現對你很重要的所有目標。能實現你的主要目標，也是一種自我實現的寧靜感。

現在我們來探討自我實現中一個非常重要，卻看不到、摸不到的範疇——自我接納。能接納自己，真大快我心！

以下兩種人誰比較幸運？第一種是坐擁高薪，到處爬山打獵，分別在不同的國家置產，但憎恨自己；第二種人默默從事不起眼的工作，從不抱怨，報酬不好，但接納自己。

答案很明顯。

這個狂亂的世界有如此多的錯誤價值，如果你不夠堅強，就容易受其影響。當你踏進這個世界，要提醒自己，務必接納自己。

不要看扁自己，不要幻想，要腳踏實地生活。

每天都記住這句話：**空想的生活絕不會令你快樂**。上主將你創造成一個與眾不同的人，內在擁有屬於你真實的偉大，不要荒廢了它。

每天都要接納自己。即使當天的焦慮與壓力使你的心情波濤洶湧，也要花幾分鐘來提醒接納自己，精神就能為之一振。

當你平心靜氣不隱瞞自己的缺點時，就是在邁向自我接納。不需要隱瞞，因為你並沒犯罪，你是一個不完美的人，也會犯錯，可能每天都犯錯，犯錯不會令你成為一個到處躲躲藏藏的罪犯。

自我接納指南

我們的目的是追求自我接納。那麼，如何實現呢？

1. 追求更美好的你
2. 進取心

3. 渴望成長
4. 事實與幻想
5. 意願自主
6. 奮發圖強
7. 慈悲心懷
8. 期待奇蹟
9. 準備歡樂
10. 真相的探求
11. 主動的認知
12. 肯定
13. 增加專心
14. 熱誠地努力

追求更美好的你

你是人，早上醒來難免埋怨幾分鐘。然後對著鏡子刮鬍子或化妝，你看到了誰？一個你喜歡的人？或是不喜歡的人？這一點至關重要。你在尋找一個更美好的你嗎？你要追求與建立一個更美好的你嗎？或者只是毫無所思的看著自己鏡中的外貌？

你坐下來吃早餐，張大眼睛看報紙，迅速瀏覽世界大事，但是不是也可以迅速瀏覽自己內在的世界呢？我希望它比報紙中的世界更好——沒有戰爭，心情愉快，沒有緊張的工作壓力，不會打擊自己。每天為自己寫一篇好報導，以追求一個更美好的你。

你是否想過，對你而言，你是**最重要的人**，你在報紙上讀到的名人，都不如你對自己的重要性。你是一個與眾不同的人，有不平凡的潛力，你有培養它的義務，去接納自己，不要模仿別人。

不斷追求更美好的你。同時接納過去與現在的你，繼續建立並更滿足於實際的你。自助吧！

每個人偶爾都需要別人的協助，即使哲學家亞里士多德也一樣。亞歷山大大帝在外地征戰凱旋歸來的途中，仍抽空為其友亞里士多德的研究工作收集自然生活中的樣本。亞里士多德能成為自然科學之父，亞歷山大大帝功不可沒。

肯定自己，協助自己，使自己成為一個你理想中的人。

進取心

追求更美好的你，是你最大的事業，它是創造自我接納中的冒險，你的任何生活片段都無法凌駕它。

這是一個你努力解開自己之謎的事業。你要了解自己的複雜與困擾，詢問自己：

為什麼我會為從沒有——或很少——發生的事煩惱？

為什麼我在成功之途中摔了幾跤，就認為自己是個失敗者？

當我知道強迫別人接受我的看法會引起怨恨時，為什麼還要這樣做？

為什麼我對多年前發生的事仍懷恨在心，而明知這麼做只會傷害到我？

從事這行業，你是在與會藐視及摧毀你的負面情緒奮戰。

從事這行業，當你尋找新的眼界，並全心全力接受這片新的眼界時，會增強你的個性韌度。

從事這行業，你是生氣蓬勃的邁進世界。

在這行業中，你是一個名叫「你」的公司的董事長，你是貴賓，你的決定果斷，你的財富動搖了想像。當你開發了獨一無二的豐富資源時，你就是一間投資報酬穩定成長的公司。

許多人虛耗光陰，「等待果陀」，像貝克特（Samuel Beckett）書中的主角一樣，置自己於無助的消極中，等待，等待，再等待，可是一切如常。當他們必須奮發自助時，卻期待別人協助。他們像貝克特所描寫的挫敗的主角一樣，不但懲罰自己與別人，還不斷地抱怨悲痛。當然，他們在尋覓之中一無所得。

他們所需要的是進取心，這也是你的需要。

渴望成長

你渴望成長，這真是一個奇妙的欲望。許多成年人放棄這種欲望，代之以惰性，真是不幸。

現在閉上眼睛，開始放映你心靈中的動畫，你看到了一個小孩，他渴望成長，他做到了，接觸、領會、探索、鑑賞、打擊與撕裂，都分別使他成長。他綜合了牛頓、巴斯德（Louis Pasteur, 1822-1895，法國化學家）、伽利略（Galileo, 1564-1642，義大利物理學及天文學家）的好奇心，研究他的小世界。他的實驗未曾停止過。

那你呢？

你也能探測你的世界。拿出你的指南針，畫出你的經緯度，自行操舵。目的地呢？你自己信仰的新島嶼。測出新的航線，航向心靈的平和，建立自我接納的新堡壘。

在接受這種成長的渴望時，同時也要接受充滿荊棘的世界。遠離那令你絕不會受到傷害的溫室，在那兒你永遠也找不到滿足，因為你從來不需要冒險。

然而，你會控制危險，使其減低至最低程度，對準正面目標邁進。

你不能超越自己的極限。真的，你必須承認合理的極限，當你超越自己的極限，恐懼侵蝕了你的身心，將自己摒棄在成長之外。

超越極限好像一個沉重的腫瘤，使眼光狹窄，妨礙了視線，使你誤解了做一個人的自我價值。不久你就會陷入寂寞，將你從自己及別人中分離出來，壓縮你的個性，自判刑期——常常是無期徒刑。

要嚴肅地對此詳加考慮。你不是罪犯，在社會上並沒有犯下需要受到懲戒的罪行，但你卻讓自己被收押。

沒有任何律師為你辯護。

沒有陪審團。

只有一個極端嚴厲與不公正的法官出席。

你。

當你**接納自己**，使自己參與生活尋覓成長，摒棄會讓你進入心靈感化院的負面情緒時，才會被判無罪。

事實與幻想

必須分辨出事實與幻想之間的差異，這是任何健康生活所不可或缺的。你與自己的溝通務必真實，如果在心靈中，對過去的過錯與不幸做無謂的思考，你就是活在幻想中，一點也不實際。實際就是忘卻過去的悲痛，生活於目前你所處的真實世界。

著名的義大利劇作家皮蘭德羅（Luigi Pirandello, 1867-1936）寫了一齣戲劇，叫《六個尋找作者的劇中人》（*Six Characters in Search of an Author*）。這六名主角在尋找能認同他們的作者。

就心靈控馭的觀點而言，你就是他們尋找中的作者。他們的名字分別是快樂、不快樂、信心、挫敗、成功與失敗。這六種你都有，你要選擇扮演哪些角色？

快樂？或不快樂？

信心？或挫敗？

成功？或失敗？

你是作者，也是導演，能指導演員，能修改劇本為演員重新造形。當你再塑造時，不是根據事實就是幻想，你的自我形象不是增強就是弱化，**塑造者都是你**。

懷著自我接納的你，會選擇實際，扮演快樂、信心與成功。懷著自我接納，就不再需要不真實的幻想世界。

皮蘭德羅另一劇本《你是你認為的你》（*You Are What You Think You Are*），主旨在分辨實際與幻相。這兩者區別相當大，必須隨時注意。

你是否追求外在的名利地位，努力在幻想中跟上別人的腳步？這樣你就不是在過自己的生活。

能完美地接納自己，就能發揮你的最佳能力，不會因恐懼而讓任何過錯與不完美帶領你進入虛假的世界中。

意願自主

相信自己並轉化你的信仰為創意表現的**意願**，是自我接納的重點之一。有了意願，就能創意地邁向你的目標，一有機會即奮力追求。

意願就是以一種積極而非消極的感覺接納自己。你知道自己認真追求目標，目標實現時，你能感受到快樂、了解快樂。

你必須運用自己的情緒天線與雷達系統，穿透挫敗的雲層，接收心靈中的陽光。你必須像太空人探測內在心靈，將你的太空艙射向自我實現的奇妙世界。

你的安全感與控制能力，顯示了自我接納的程度。當你探測失敗時，自我接納會將你接回太空艙，只要你接納自己就迷失不了。

最近我聽到一位醫生談到某位酗酒者的歷程——起先是偶爾小酌，不久就暴飲醉酒，醒來以後悔恨不已。假如要喚起內心裡的意願，我們的原則是：

1. 你內心有座小島，享有自治權。
2. 背向負面情緒，以免它們摧毀了你對自己的信心。
3. 專注於正面目標。先設定目標，然後開始行動。
4. 雖然你是享有自治權的小島，仍與其他人密不可分，與他們分享你的自尊。

奮發圖強

像接納你的許多不完美一樣的接納生活，就能接納這個世界上的許多不完美。你實際而不絕望。

我很感謝家父教我奮發圖強的真義。他從奧地利移民來美國時，是個一貧如洗的年輕人，但他努力工作賺錢，他是勇敢面對生活的好榜樣。犯錯而不自責，從不絕望，不受流氓的威脅，甚至為被欺凌的鄰居挺身而出。

勇氣配上自我接納，就像火腿加上蛋，香醇可口。如果你缺乏爭取自己權利的能力，我不相信你會感覺到真正的自我接納。

慈悲心懷

慈悲心懷與自我接納密不可分。不能慈悲對己，當然不能慈悲待人。必須**先對自己慈悲**。假如不能原諒自己的過錯，當然不會接納自己。

最近常聽人討論個人的疏離與社會的疏離。但是，個人到底疏離了自己什麼？

不論在何種環境之下，絕不允許自己對自己疏離。
你必須隨遇而安。
不論晴、雨、雪、雹，接納自己。
不論貧、富、債權、債務，接納自己。
當你對著一群人侃侃而談或漫無條理的胡扯時，都要接納自己，對自己慈悲。

對自己慈悲，必須延伸到所有的狀況，所有的人，所有可能的意外上。
當你需要好友的慈悲時，他會義無反顧提供給你。至少你該以這種慈悲的態度待己。

有一天我醒來時正下著雨，心裡往下一沉。我先去刮鬍子，刮傷了下巴。穿衣服時我思考今天的目標，由於睡得不好，思考很難集中。啊，對了，早上有個手術，下午跟出版商有約，晚上要趕稿。

好了，算是敲定了。扣上襯衫鈕釦時，一個鈕釦掉在我的手裡。照鏡子時發現下巴還在流血。

早餐也吃得不舒服，報紙上滿是紊亂無序的新聞。

然後接了一通電話，某個人家有人病了。

現在，好了，今天我到底要幹什麼？

碰到糟糕的日子，我就改良目標。今天或許我交不到新朋友、不圓滑，也沒什麼成績，但我總能完成一些目標。

——有效成功地完成手術。

——與出版商討論。我會提出我的看法，聽他的見解，以確定我下一本書的內容。

——今天的目標到此為止。（這並非表示我是個「明天」型的人，我很正常，我了解自己今天的極限。）

我慈悲地接納自己。

你也必須慈悲待己。

期待奇蹟

最近，我從加州的沙林納斯開車到八十八公里外，去一個位於聖荷西的教會發表演講。由於時間急促，而且我不知道路況是否良好，我對自己說：「**只有奇蹟出現，才能準時到達。**」

我終於在演講前一分鐘到達，我走進牧師的辦公室，彼此慶幸安慰。在他的座位後面，我看到一句標語，寫的是：**期待奇蹟**。

我們都偶爾會覺得挫折與失望，怪自己霉運連連，安排不好生活。我不相信有人能免於這些，處於此境，我們就會期望奇蹟出現。

你擁有期待奇蹟的權利，你相信奇蹟即將出現。

當然，這種感覺並不實際，沒人能從期待奇蹟中獲利。

你的奇蹟來自於自己的內在。當你面對壓力時，它來自於你對自己的信任。當你試圖將危機轉變成機會時，它來自你在危機中的果決態度，來自你在不同環境下給予自己的支持。

你所能而且必須期待的真正奇蹟是：你的**自我接納**。

你接納自己的怯懦。

你接納自己的韌性。

你接納自己的不完美。

一旦你接納自己，將給自己一些不可思議的小幫助。

準備歡樂

每天為自己做歡樂的準備，這是自我接納的關鍵因素，因為當你無意中不斷地破壞自己，陷自己於挫敗與沮喪時，要接納自己真不容易。

一個孩子在玩積木，你閉上眼睛，在心靈中映上他的影像。他的形象映在你的想像上，你看到他的手和膝蓋，他正把一塊積木疊上去，眼神專注，多麼快樂！他滿足於蓋他的房子，如果是一座橋呢？也一樣。

後來，他抬腳一踢，積木倒了，房子消失了。他突然的不滿，搗毀了積木房子。

他的快樂被破壞，激動地哭了起來，想著自己剛才做了些什麼，以及為何這麼做。

做為一個成年人，你必須振作，必須每天為當天的歡樂做**準備**，改掉自我破壞的習性。你的焦點越正確，自己就越歡樂。

真相的探求

探求自己的真相，真相能增進你的自我接納。

當你探求自己的真相時，應該承認自己是由許多複雜的因素所組成；應該承認你的高低起伏以及你的騷亂與壓力。也必須知道你同時具有深思熟慮與粗心大意、折磨與寧靜、強韌與怯懦。你是一系列矛盾的綜合體，但是很合理。

生存的欲望是所有人共有的目標。我所說的生存並非飽食終日無所事事，而是指**快樂**。

我們活在世上的時間短暫，死亡很快就會接近。我們都警覺到親人與朋友之死，我們無法否認死亡的存在，否認死亡是一種不負責任的逃避。

我們所必須做的是全然的生存——維護生命是我們的權利。

主動的認知

自我接納，也是對自己做為一個人主動認知的持續感。

不久前一個週日清晨，我從聖克拉門多到達舊金山。一位穿著司機制服的人，開著他的私家車送我到旅館，對我說：「我有許多固定客人，一通電話服務就到，三更半夜也一樣。我心情愉快，因為有被重視的感覺。」

你必須付出，必須覺得被重視，必須主動認知自己是一個給予者。

主動認知，是使自己適應一個變動頻繁的世界。每天都不相同，讓自己適應自己形象的變化。接納自己的錯綜複雜，並認知人類生活的複雜性與多樣性。

肯定

信任自己，肯定再肯定。

你相信日曆上的日期正確嗎？當然相信。因為日曆是人類共循的，它的記載當然正確。

所以你必須肯定再肯定的**信任自己**。

增加專心

專心可以增加或減少。如果你有目標，就有專心的對象；如果你沒有目標，你的專心就無所適從。增加專心可增進你的自我接納感。

千萬不要染上自我損害形象的絕症。自我損害形象是損傷的自我形象，自我損害形象的人並沒有發高燒，生活也非處於險境，但確實需要治療——就像肺炎患者需要治療一樣。身體雖沒有影響，但確實很痛苦。

自我損害形象的人打傷了自己，歪曲自己、憎惡自己。

想治癒自我損害形象就要增加專心——在**有意義的目**標上增加專心。支援你的自我肯定感，向目標開步邁進。

熱誠地努力

自我接納不是消極，需要滿腔熱誠地努力。

但它容易陷於自我擊敗的漠不關心中；容易自認為生活很難，是個天生的失敗者；容易自認為沒有任何優點。這些負面的思考方式，比真正的自我接納更容易出現。

如果你能熱誠地油漆房子、洗刷廚房地板或擦拭汽車，對所有工作當然也能付出最大的熱誠，以培養自我接納的能力。

解放自己

我們是人，常會困於情緒的牢籠，所以要學習解放自己。

個性切勿閉塞。

情緒必須釋放。

不要太小心翼翼，以免喪失歡樂的能力。

在街上散步時，你偶爾會看到運鈔車載著鈔票與警衛轟隆駛過，這種警戒心當然是必要的。

而你還要深鎖感情嗎？還要閉塞個性嗎？

答案當然是否定的。某些時候難免如此，但原則上不可以這樣做。

那麼，你要如何解放自己？如何發現自我實現呢？

運用自我接納。

在我們這個不確定而紛擾的世界中接納自己。

第7章 打敗你的良心

讀了前六章後，你應該了解我對獲得自我實現的見解。

你會對自己說：「非常好，對我很有幫助。」但可能接著又補充：「**不過**，我的良心不允許我追求自我實現。」

你必須克服**不過**的想法。

「良心」會折磨人，蠶食人的心靈，使其從內部開始腐爛，化勝利為失敗，令快樂者遭逢不幸。

「良心」會讓勇士成為膽小鬼。詩人與哲學家寫了許多詩文，描述良心罪惡的一面，人類只是不適於對抗這一種禍害。

我的看法有點不同。我視良心為一場戰爭，一場你非贏不可的戰爭，一場我們的成功機制與失敗機制對抗的戰爭。贏得這場戰爭即能邁向自我實現，若不幸被負面情緒打敗，告訴自己：「你的良心，才是罪魁禍首。」

第二次世界大戰時，歐洲美軍在德軍的抵擋與猛烈反擊下，仍奮勇向前推進，終於使德軍潰不成軍。

你必須投入這場戰爭，以你的成功本能擊退你的失敗本能。當你贏得這場關鍵的戰爭時，即可忘掉你所有的良心。

戰勝你的良心

以下是我們的作戰計劃，讓我們來切實執行。

1. 對抗
2. 機會與鬱悶
3. 負面情緒與正面情感
4. 自重或自卑
5. 與你的自我形象合作或作對
6. 想像的增加與減少
7. 進取心增加與減少
8. 信心或失望

9. 贏的勇氣
10. 善體己意

對抗

良心意謂著重新調整攻與守的對抗，這種重新調整，往往無法成功。本質上來說，這種對抗是兩股力量召開的會議，但雙方既不能以同樣的方式看同樣的事，又固執地堅持己見。

因此，我們常發現幾乎沒有妥協或改變的可能性，以及一個根深柢固難以變動的現狀。不過這種觀點的分歧是必要的。

現在，更明確地說，我們所談的，其實就是你與內在負面力量的對抗。

這種對抗很難，但是你努力嘗試，**非贏不可**。

兩國交戰，或在聯合國互相攻訐，由於缺乏真正的溝通，各說各話，再加上誤會，真是難以和解。兩國都不願妥協，準備快速報復——像一對已彼此失去興趣的夫妻，由於沒有了愛的連結，彼此懷疑對方會騎到自己頭上。

你的對抗呢？你的冷戰呢？

你必須整軍經武，編組你的正面力量，粉碎內在的負面力量。

不要看扁自己。

不要為芝麻瑣事煩惱。

不要因小過錯憎惡自己。

機會與鬱悶

掌握機會與逃避機會之間，永遠有衝突存在。我們都有目標，但很多人實現不了。或許我們該理性地告訴自己，當機會敲門時，要隨時準備抓住它。但機會不會不請自來，你必須創造機會，以理性而清晰地思考創造機會。務必採取主動。

許多人趨向鬱悶，因此缺乏機會。在這種痛苦的衝突中，你可能以自己的良心打擊自己。

你可能告訴自己：「我沒抓住這個機會，目標無法完成。都是我的良心在作祟，良心令我困擾不已。」

你也可能對自己說：「有一天我一定能應付這個目標，但不是今天。如果我今天處理了它，會良心不安。」

真是無聊！切勿以你的良心做為失敗的藉口。**精選機會，甩掉鬱悶。**

我在此做個註解：當你與使你喪失鬥志的良心奮戰時，我不會勸你違背倫理或拋棄明辨是非的原則，我不會勸你暗箭傷人，我不會勸你以規避當擋箭牌。希望你以正面肯定的勇氣，邁向你的目標。

因為扛著良心十字架的人沒有快樂、沒有機會，也不會努力追求目標。這些對他而言都是有罪的，他將所有美好的情感，收押在難忍的罪惡感中，淹沒了自己。

幾年前，有個女孩來看我，當時她十九歲，正是對未來充滿希望的花樣年華，但她卻經常有罪惡感與憎惡自己。她的良心壓服了她的自我肯定感，只有吃迷幻藥，才能使她暫時離開這個實際的世界。她斷斷續續吃了兩年的迷幻藥；那是個迷幻的世界，她回憶有一次在「迷幻旅行」中覺得她「掉落在太空中……掉落……像流星般掉落」，突然驚醒，又回到了與良心掙扎的世界，那是個她所居住的罪惡感世界。

我看著她，體重大概比正常人胖了十幾公斤，神色憂傷，好像雙肩扛著全世界的重擔。

「妳和父母住在一起嗎？」我問她。

「沒有，十六歲就離家。」

「妳與母親相處得好嗎？」

「我愛她。」她說，然後就哭了起來。一開始哭就如水庫洩洪，難以停止。最後抹著眼睛說：「對不起。」

「為什麼要對不起？為了哭嗎？還是為了發洩情感？哭有什麼關係呢？」

「我愛她。」她說。

「妳的母親？那很好啊！」

她又哭了起來。「都是我的錯。」眼淚奪眶而出。「都是我的錯。」

「妳的什麼錯？」

「我絕不原諒自己。那是我的錯，我絕不原諒自己。」

「為什麼呢？把實情說出來吧！」

她又哭了起來。「我怎能告訴你？你會認為我瘋了。」

「不會，我不會。告訴我吧！」

她瞄著我。「十三歲時，」她躊躇地說，眼神搜索著我的臉，看看是否嘲笑她。「我要買一些衣服去露營。我們住在郊區，母親不想為了買這些衣服開車進城。我煩著她，說我非要那些衣服不可。她說不行，她很累，但我跟在她背後煩她，最後終於開車進城。」

「然後呢？」

她眼神空洞的看我，好像戴了面具，面無表情。「她滿足了我的要求，開車進城。有部車撞上了我們，母親受了傷，兩腳殘廢。」她像個沒有生命的洋娃娃般呆滯，突然感情一發不可收拾地哭起來。

「我很高興妳能哭出來。」我說。

她啜泣地說：「我應該哭——為我對母親的行為。」

「我不是那個意思。我是說能將感情發洩出來對妳較好，眼淚能治癒妳。」

「想到這件事我一輩子都會哭。」

「那不是妳的錯。」

她沒聽到我的話。「她坐著輪椅。」

「我知道妳的想法，但那不是妳的錯。開車撞上母親車子的不是妳，使她殘廢的也不是妳。」

「如果我不煩她，事情就不會發生。」

「妳還愛母親嗎？」

「愛。」

「即使她已殘廢，妳要不要讓她更覺安慰？」

「當然。」

「那麼，原諒自己。妳的不幸會讓父母不幸，十三歲以後，妳就拋棄了自己，現在妳如何給自己一個機會重新生活？如果妳能快樂，也會給他們帶來快樂。父親愛妳嗎？」

「他們都愛我。」

「那麼別理會妳那吹毛求疵的良心，使自己快樂，也令他們快樂。原諒自己，妳的良心在折磨妳、虐待妳，因此妳無法看出令妳全然生活的機會。擊敗妳的良心，原諒自己。」

「我試試看。」她說。

我問她有何計劃。她說她口才不錯，喜歡教孩子如何表現自己，我鼓勵她去做。

幾年後，我在加州棕櫚泉有一場演講，有個五十來歲的男人走向我，緊緊地握著我的手。談起他的女兒，說我功不可沒，她現在已能發現自我實現感。

負面情緒與正面情感

我們都處於信任與不信任、愛與恨、歡樂與悲傷、生存的意志與破壞的意志……等之間的衝突。我們脆弱無比，易受傷害。我們熱切地希望完美，一旦犯錯就引以為恥。我們不切實際，遠離世界，甚至使自己陷於悲觀，痛罵命運乖舛，別人沒有良心。

不錯，我們太常屈服於負面情緒，太常在負面勢力之下，壓碎我們的正面情感。

良心也有其意氣昂揚的一面。有些人視良心為一種正面與深度倫理的感覺，試圖提升自己與別人。

不過，人們總是視良心為一種不實際的阻礙感，強化並應用負面情緒，因此造成挫敗，與自我實現無緣。

切勿讓良心為你製造不實際的需求！讓你的良心**合理化**！切勿讓良心虐待你的正面情感！

自重或自卑

這是你的成功本能與失敗本能之間的衝突。

是成功與挫敗之間的衝突。

是了解與誤會之間的衝突。

是向上提昇的自我接納與向下破壞的自我否定之間的衝突。
是實現與空虛之間的衝突。
是尊重與輕視之間的衝突。
是愛與恨之間的衝突。

我們不是信任前者，就是依附後者。

我們是錯綜複雜的人，我們是兩面人，或者是多面人。我們是連體嬰，共有一個身體，但是我們有能力將他們一分為二。我們既自重又自卑。

你必須勇敢而冷靜地面對你的良心，必須使良心與你站在同一陣線，而非敵對。在你尋覓自尊時，應先戰勝你的良心，與它**同心協力**。

如何著手呢？我舉一個例子。

摩理太太是個六十幾歲的寡婦，她的良心告訴她，在她這把年紀應該待在家裡看書或鈎毛線，不該踏出家門，四處與人聊天，追求生活中的不平凡。

後來她邂逅了一個男人，婉轉地建議她換一頂新帽子，會讓她心情愉悅。她很久沒這麼做了，這個提議嚇壞了她，但最後她還是走進了一家帽子店。

她選了一頂帽子在鏡子前試戴，她的臉孔配不上這頂帽子。她太老了，因此心情不好。

回到家後，有個念頭使她吃驚，她的良心說，這不是個好建議。當她的良心不再作怪時，她自問：「為什麼不去做？」她在公寓浴室裡照鏡子，雙頰深陷，眼旁滿是魚尾紋。或許整形手術能幫助她。

摩理太太撇開她的良心，來找我做整形手術。手術後，她的臉嶄新而平整。摩理太太驅使自己邁向這個動機良好的目標，她有一股嶄新的自我滿意，甚至想跟那個建議她的男人結婚。

這是一個有趣的例子，因為它顯示了一個人如何堅持目標與實現，免於良心的虐待。

與你的自我形象合作或作對

你內心裡對相信你是怎樣的人，或希望你是怎樣的人，都有一份藍圖。它對你有何用處？你又如何去運用它？

你會與你的自我形象合作嗎？或是拒絕合作？甚至與它斷絕關係？

我已經詳盡說明你的自我形象是你的嚮導，會引導你邁向成功，或陷你於失敗。你的自我觀與自我價值，決定了你對別人的感覺與別人對你的看法。沒有比建立這種對自己的形象更具價值的目標；就我所知，沒有比提高這種自我觀，更具激勵性的目標。

再強調一次，你會與你的自我形象合作嗎？或是採取不合作政策？

每天早上醒來時，應該問自己這個問題，並將它與你的自我形象合作，做為你當天——每一天——的目標。

它與良心有何關係呢？

某一方面來說，你的**自我形象就是你的良心**。當你的自我形象健壯，覺得快樂又成功時，你的良心會挑剔你嗎？當你的自我形象怯懦，覺得挫折不已時，你的良心會折磨你嗎？

所以，每天要努力與你的自我形象合作，戰勝會擊敗自己的良心。

想像的增加與減少

想像的增加與減少，它們之間的區別明顯嗎？

想像的增加——你的思考具有創意，繪製自己的目標，研擬希望並付諸實行。你透視心靈，改進生活，重視你的偉大想像力，了解它是上天賦予你的偉大天賦。

想像的減少——當你看你的心靈時，無法透視自己，一再濫用「良心」阻礙你邁向目標：你的「良心」隨時搗蛋，使你無法成功、快樂。因此你會憂慮、會心靈不安，過去的錯誤及失敗困擾著你。

厚待自己吧！每天追求想像的增加。豐碩你的自我形象，研擬鼓舞而實際的目標——不論多小。專注於全人類共有的大目標：**生存與快樂的欲望**。

進取心增加與減少

現在，我們將想像付諸行動——進取心。

哪一種進取心呢？該增加或減少？

進取心增加——重視時間，你非常會把握時間，運用每天的每一分每一秒，不會讓時間「飛逝而過」或「殺」時間，了解時間的偉大價值，將其運用在對你有意義的目標及人身上。採取行動協助自己，積極協助他人，竭盡全力，奮勇向前。

進取心減少——你的生活充滿消極、空虛，良心隨時——或大部分時間裡——為一點小事擾亂你。良心統治你，不論做什麼事都會有罪惡感，所以就一事無成了。

假如你是一個進取心減少的人，必須改變。人有時需要改變，即使是年長的人也是一樣，請看這個例子。

六十八歲的H先生絕對是一個進取心減少者，每天的作息一成不變，非常單調。凌晨起床，用過簡單的早餐，買份報紙及雪茄，然後走到公園裡常坐的長椅上，看報紙、抽雪茄。

吃完中飯後，回去小睡一會兒，下午又回到公園坐在同一張長椅上消磨時間，回去洗把臉，然後吃晚餐。晚上的作息也同樣令人厭倦。

六十八歲生日那天，H先生仍以一貫的作息來慶祝：早餐、報紙、雪茄、長椅子。但有一個改變，這個改變在他從進取心減少的世界，過渡到進取心增加的世界中，只在一瞬之間。

H先生身旁多了一隻小狗。

這是個意外。他在街角看到一個窮困潦倒的人，出於同情心，給了他一塊錢，那個人卻突然跑開，留下了一隻小狗。怎麼辦呢？H先生看著那隻小狗，小狗也看著他。小狗好像餓極了，H先生買了一個漢堡給牠，小狗狼吞虎嚥。

牠外形可笑，好像是獵腸狗、牧羊犬與鬥牛犬混血而成。牠向H先生搖尾乞憐，H先生有了自己的一隻狗。

H先生為牠取名費尼摩，由於擁有了費尼摩，他的生活有了很多改變。首先，他搬了家，搬到一處允許養狗的地方，一棟帶有廚房的公寓。後來，他跟街上稱讚費尼摩的人聊天。費尼摩是一隻外形滑稽的小狗，令人發噱。

一群打棒球的孩子，問H先生能否讓牠做為他們吉祥物。當然，費尼摩每一場棒球賽都必須到場，而他們的球賽已安排到下個月，每天都有。

H先生考慮了一下，害怕會失去費尼摩，他已開始喜歡牠了。但他有一個新念頭：他和費尼摩一起參加球賽。六十八歲的H先生在退休之後，發現自己是一個活力充沛的年輕人，一天比一天年輕。

改變越來越大，令人驚訝。費尼摩蹦蹦跳跳的，使得H先生的活力也旺盛起來。他開始當孩子們的球賽裁判。

太棒了，H先生又戀愛了。H先生的妻子三年前過世，他從未想過再婚。但現在卻對一個寡婦猛獻殷勤，她是一個嬌小迷人的六十多歲女人。他建議她去換一頂帽子，而她卻不敢面對鏡中自己滿是皺紋的臉，然而，她終於下定決心去整形。她就是我們前面提到的摩理太太。

H先生跟摩理太太開始交往。從進取心減少到進取心增加，真是個令人驚訝的改變。

我的重點是什麼？我絕不會叫你像H先生一樣去買一隻小狗。我認為**改變的可能性永遠存在**，即使已年高六十八也一樣。你應該一直驅策自己精力充沛，以追求進取心的增加。

不要讓你的良心扯後腿：你可能會提醒自己，這輩子曾犯過錯，理應受罰，而且必須在無情的良心虐待之下，受苦很多年。

千萬不要這樣對待自己！給自己生命、希望與進取心吧！

信心或失望

你應把握的目標是信心，應遺棄的目標是失望。信心能促使自我實現，失望會造成挫敗。信心是生命流暢無止的動力，失望是消極冷淡的從生命中退卻。

作為一個人，你必須鞏固自己，必須精選培養自己的信心，背向使你內在死亡的失望。

良心，在這種培養中扮演了一個重要的角色。如果你的自我形象怯懦，而你堅持不喜歡並破壞自己，讓你的良心一意孤行，不但得不到心靈的平和，而且無法有機會更新，既達不到目標，也無法獲得歡樂。

給你的良心安排一個**正面角色**。建立自己的信心，信任你的良心。讓你的好良心，引導你建立自己的信心。讓你具有包容力的良心，在你遭遇壓力時支持你，讓你相信自己能克服壓力。

贏的勇氣

我們討論過內心裡所有正面力量與負面力量之間的對抗。如果你缺乏勇氣，就打不贏這場戰爭。

每一個人都知道戰場上的勇氣。每一個人都知道步兵在地雷、炮火，與槍林彈雨中衝鋒陷陣。每一個人都知道醫療援助人員冒著生命危險，使戰場上的傷患，能很快送到更安全的地區而獲得更好的治療。每一個人都知道飛機駕駛員必須在險境中小心駕駛，讓隊友投彈轟炸敵人。每一個人都知道這種戰場上的勇氣。

但是那種沉默而少見，代表著完成或是挫敗的勇氣呢？

當殘酷的良心對你說：「你不完美，所以你不好！」你以什麼樣的勇氣戰勝良心呢？

當批判的良心對你說：「你該對幾年前所做的事，感到慚愧內疚。」你以什麼樣的勇氣戰勝良心呢？

當無情的良心對你說：「你每天都犯錯，所以你沒有用。」你以什麼樣的勇氣戰勝良心呢？

對我而言，能夠**戰勝自己良心的勇氣**，就是最大的勇氣。

善體己意

想和你的良心和好相處，應該善體自己的所有面向。善體人意通常指一個人對別人的感覺，從這個意義來看，因為你是個多面人，所以你也要把自己當成其他人，這樣就能做到善體己意。

在培養對自己的感覺時，謙遜地對待你的缺點，但你並未因這些缺點而排斥自己。

對抗嚴厲殘酷的良心，最有效的武器就是原諒自己。

為你的錯誤原諒自己。

為過去、現在與未來原諒自己。

完全的原諒自己。

這是真正感受到自己做為一個人的感覺，也是與你的良心和平相處之道，更能使你與自己為友。

明天會更好的藍圖

我們已為明天會更好規劃出藍圖，因為在對抗嚴厲而不公平的良心所引起的傷害時，一個人能在尋覓心靈內在平和的探測中開疆拓土，比任何房子、汽車、股票更重要，更能導向自我實現。

不要讓你的良心控制你，你要支配你的良心。

每天努力建立你的自我形象，努力恢復你成功機制的功能，每天為自己帶來新的自重感。

春去秋來，新的信心於焉成立，你將不再恐懼你的良心。

這是追求明天會更好的一大步，也是邁向自我實現的一大步。

第8章

起點寂寞，終點快樂

本章我們將開闢一條新路——起點寂寞，終點快樂。這的確是一條奇妙的路，在這條高速公路上沒有速度限制，隨你高興開多快就多快！

我們所以提出寂寞，是因為我們追求自我實現，而寂寞與自我實現不能共存。寂寞是指一個人與積極面以及世界上其他人無法融合；自我實現是一種渴望和實際的結合，是一種個性的整合。兩者的確互相對立。

我認為寂寞也是我們失敗機制的成員之一，它是對我們自己不信任，使我們從積極面中撤離。我們先分析這些不信任的力量，使你知己知彼，然後再分析相對因素——它們能喚起你的成功直覺，並架構你的成功機制——以便從寂寞出發，邁向快樂之路。

寂寞由許多不信任的徵兆所控制，我將它們條列如下，看看你自己擁有多少項。

- 無法說服自己會快樂
- 對過去、現在與未來的不確定

- 不能接納自己
- 未準備使你更美好
- 不公平對待你的自尊
- 不情願追求自我實現
- 不想擁有富創意的日子
- 缺乏對自己的基本信心
- 沒有自我實現感
- 失敗時缺乏振作的韌性
- 沒有目標
- 常說「不」
- 基本上對自己不真實
- 恐懼與不安全感
- 習慣性的抱怨
- 模仿

- 懷抱負面情緒
- 不斷怨恨
- 對己不善
- 嫉妒別人
- 盛怒回顧，而非前瞻希望
- 生活無趣
- 未發揮所長
- 漠不關心
- 無益的個性
- 對自己與別人都吹毛求疵
- 自閉
- 失望
- 規避你的誠篤感
- 忽視你的價值感

- 懷抱失敗
- 遺忘了你的真正能力
- 心靈的缺乏，精神的缺乏
- 不能寬恕自己與別人
- 對你真正的自我不忠實

現在看出你有多少項不信任的徵兆了吧？務必誠實，不要欺騙自己，那對你有害。不要期待完美！愈誠實評估你的不信任徵兆，愈能以你的正面特質來替代。

瞭解了失敗機制與不信任及寂寞之間的關聯，假設我們能研究寂寞的所有面貌，即能加以改變。做為一個整形外科醫生，我耗費終生修整別人的面貌，就好像將寂寞與失敗的面貌修整為健康、成功與快樂一樣。

寂寞的十種面貌

現在分析寂寞的十種面貌，也同時提出它的反面——快樂。

1. 限制
2. 剛愎
3. 忽視自尊
4. 自我感覺的放逐
5. 哀傷
6. 無助的空虛
7. 過去的鄉愁
8. 束縛
9. 自私
10. 脫離

限制

我們都受到限制，這是生活在文明國度裡必有的現象，因為文明就是使我們能和諧共處的一些指引性、約束性的規則。

但是逾越限制情況完全不同，它是一種不必要的、恐懼的緊縮，尤其是對一些個性寂寞的人；自衛性自我限制（self-limitation）並沒有錯，但逾越了就會傷害到我們的基本個性。

「**限制**」的反面是「**自由**」：

撇開昨天，尋找能使你的能力自由發揮的目標。

開始追求明天會更好。

盡量重視自己，減少批判自己。

規避消極，以過去成功的信心協助自己。

放鬆，每日革新自己。

盡力完成每天的目標，破除自閉。

隨時渴望改進，發揮你的寬恕心。

剛愎

我們每天的生活幾乎都會出現剛愎的情形，真是不幸。轉開自我的電視機，你會看到：冗長的談判，保守不變，無止盡的爭論，以及引起失望的人際磨擦。當然也能看到我們所認識的人：大部分人都剛愎自用，固執己見，保守頑固。

這種一成不變的觀點，會使我們的情感疏遠了我們自己，敵視別人。因此才產生了剛愎、緊張與寂寞。

「**剛愎**」的反面是「**機會**」：

銷毀負面情緒的痕跡。

實踐自我接納。

為每天的創造性做準備。

先按規則與自己公平競爭，再推及別人。

先尊重自己，再尊重別人。

務必確定你是否要求更好。

先了解自己的需要，再推及別人。

堅信你雖會犯錯，卻能淡然處之。

想像你能完成一個實際的目標，然後加以實現。

友善待人。

你屬於自己，能信任自己。

忽視自尊

當你忽略自己，當然無法給予自己所需要的自尊，你對自己有一股犯罪的心虛。切勿忽視自己，否則將很難克服寂寞。

晚上就寢時，你會忘了鎖門嗎？你會忘了繳稅嗎？牙痛時，你會忘了去看牙醫嗎？

可能都不會，那麼怎會忽視能滋養心靈及謙遜的自我尊重呢？

我喜歡以故事舉例，再舉個中肯的例子：

有一次，我在辛辛那提對一群保險業人員演講。

演講後，一位二十來歲女人跑來問我，如何克服她那可怕的寂寞。她哭著說：「我愛一個人，嫁給他，但他拋棄了我。」

我問她那個男人為何離開她，她說她不知道，她已盡力令他快樂。

我說：「妳必須了解，妳不必為他所做的事負任何責任。妳不能控制他的行動，又如何負責任？」

「我不知道，但我一直很憂傷、寂寞。我想我仍然愛他。」

「我看得出來，」我說：「妳很年輕，我倚老賣老的給妳一些勸告，是有關我忍受傷心的經驗。妳不必為別人的行為負責，該為自己及今天的生存負責。設定建設性的目標協助自己，培養對自己的好見解，透視妳心靈中的美好片段，運用想像來體會妳引以為傲的一面。」

半年後，我在芝加哥附近的聖克萊遇到一個男人，他當時也聽到了我對那個焦慮寂寞的女人說的話。

他對我說：「我告訴你一個消息，記得那個哭泣的女人嗎？」

「記得。」

「她又結婚了。」

「很好。」

「不只這樣，她跟同一個傢伙再度結婚。」

我很驚訝地問原因。

「他從加州打電話到辛辛那提向她問候，但她的態度大不相同，她沒求他回來，只是友善地問候。她建立了自己的自我形象，她擁有了新的自尊，因為她很尊重自己，所以不再像乞丐般乞求。她對他說話的聲音跟以前不一樣——就像他所仰慕的女人的聲音——他飛來辛辛那提，發現她已能尊重自己，所以又娶了她。」

自尊是我們的目標，不可忽視。

「**忽視**」的反面是「**了解**」：

在今天利用你過去的成功。

絕不忽視你的人類尊嚴。
每天花些時間改進自己。
熱情地對待你的目標。
每天革新自己。
選擇一些實際的目標。
每天設定自我實現的標準。
如果了解你的極限，就沒有辦不到的事。
當你自己，勿受制於人。
樂觀鼓舞自己。
孕育你的真正潛力。
助人。

自我感覺的放逐

這是絕對的無可救藥，比離家出走更糟。沒有人會將你掃地出門，是你趕走了自己。

自我感覺的放逐與寂寞幾乎是同義詞，當你失去對自己的認同，的確會寂寞。沒有任何物質上的福利可彌補這種損失。

寂寞之境，寸草不生，荒無人煙。你不想住在這種不毛之地，你不想放逐自己。

「**放逐**」的反面是「**說服**」：

專心強化你的自我形象。

克服你的孤立感。

絕不脫離自己。

轉向你過去的成功。

誘導成功，而非失敗。

讓過去停留在過去，忘掉你的怨恨。

盡力增長你的自我。

以自我接納來指導自己。

友善待己。

絕不放棄你的自我。

哀傷

哀傷引起寂寞，疏遠別人當然會覺得孤單。

我們知道人生少不了悲傷、困擾與不幸。我們生活在憂患的壓力下，有時也會憂傷，這沒什麼大不了。

但生活在哀傷之中則是另一回事。一個人縱使不快樂仍能挺立，但是他若不能想辦法與自己過活，就會被寂寞之浪吞噬，它會滲透他賴以生存的海岸線，侵蝕他的水泥堤防。

我的一位朋友將她兒子從越南寄回來的信拿給我看，她害怕兒子發生事情，日夜寢食難安。當然，她的恐懼有其實際上的根據，然而，如何免除她的恐懼呢？

她承認是一個佔有慾極強的母親，一輩子認為兒子只是個長不大的孩子。她兒子的信中有一句話，一直縈繞在我的腦海裡：「媽媽，在妳壽終正寢之前，絕不可以自殺。」

你也一樣，不要被無止盡的哀傷殺了你，不要被無止盡的悲傷毀掉你。

「**哀傷**」的反面是「**包容**」：

強調你有成為人類一員的權利。

沒有人會逼你孤立。

擊敗令你無助的悲傷。

銷毀過去的失敗。

面對現在的沮喪、悲痛與傷心生存下去。

自動邁向一個嶄新鼓舞的目標。

訓練與別人分享的能力。

確定你能適應世界。

做建設性的消遣。

絕不忽視對別人的友善。

今天是你能包容別人的新日子。

無助的空虛

假如你感到無助的空虛，你只活了一半。你對你的生活豎白旗，你放棄了上主賜給你的珍貴天賦，你屈服於寂寞。

擁有無助空虛的人逃避生活，害怕在一個變遷而具危險的世界發揮力量。他在恐懼中寧願寂寞也不願接受挑戰，恐懼支配了他的生活，他消極地忍受負面情緒的虐待，缺乏足夠的信心把握機會推動自己。

害怕去了解自己，放棄他的創造力，無知地把豐富的情緒資源，深埋於自己內心裡。

請看這個例子：

這是一個無助而空虛的中年婦人故事。她是一個國小教師，已結婚多年，有三個孩子，但仍然覺得無助與空虛。

她六歲喪父，當時她愛他，渴望他的愛。她記得他在死前不久，還坐在窗邊凝視著她。她記得首次入學時，他牽著她的手，以她為榮。心臟病突發奪走了他的生命，這是一個六歲小女孩失去敬愛父親的悲劇。

「他過世，離開了妳，使妳覺得被遺棄嗎？」

「是的，醫生。」

「妳的母親呢？」

「她多活了三十四年，我們彼此都愛對方。」

「母親過世時，妳也覺得被遺棄嗎？」

「是的。」

「妳不想要她離開妳嗎？」

「不想。她過世時，我非常空虛、寂寞，以及無力感。我希望我也死掉。」

「妳的婚姻狀況如何？」

她已結婚二十七年，有三個孩子，她愛丈夫，但他不愛她，孩子都已成年結婚，她知道丈夫跟一個年輕女人相愛。他兩年前曾想要搬走，但目前仍住在一起。

她叫道：「如果他離開我，我會馬上死掉。我覺得非常空虛，我一直想自殺。」

我說：「無論如何，妳必須尊重妳自己。無論他離開或留下，務必仁慈地看待自己，尊敬自己。」

「但沒有他，我活不下去。」

「沒有他，妳能活下去——如果妳掌握妳的尊嚴，接納自己，成就自己。」

我當然了解，在她心中，父母藉由死亡離開她，與擔憂丈夫遺棄她，兩者間必定有某種關聯。

她失望地走了，但一年後我看到她時，她顯得容光煥發。她努力建立自己的尊嚴，終於有了成效。她的丈夫跟那個女人發生了爭執，最後決裂。她與丈夫之間的關係仍未臻完美，不過丈夫現在變得更殷勤。

現在，她比較不覺得無助的空虛，反而有了更多成熟與自我實現的創造力。她的方向雖不完美，也不明確，但十分正確。

「**無助的空虛**」的反面是「**狂熱**」：

使自己生氣蓬勃。
絕不失去對生活的驚奇。
每天盡量以有意義的目標，克服你的厭煩。
信任你的能力。
體會生活中有趣的一面。
選擇實際的目標，然後著手實現。
研究你的真正價值。
接納你的缺點。
每天透視自己最美好的一面。
激動好奇的踏進世界。

過去的鄉愁

太多人生活在過去裡。如果你不重視你的現在、不重視你的生活，以及你今天的世界，那麼就會掉入寂寞中。

或許你的過去比現在好，或許在你想起過去時迷惑了自己，這些情況都令你無法為今天而活，就像將水當香檳喝一樣的自欺、不實際。孩子扮家家酒可以這樣做，但你是成人，要將童年的遊戲拋於腦後，面對實際狀況。

當你仍緬懷過去、生活於過去，那是在傷害你的實際感。你缺乏面對生活壓力的能力，你的成熟向幻相屈服。

讓我們將「過去的鄉愁」轉向「現在」：

你是生活於今天。

協助自己享受今天。

鼓勵你今天的正面特質。

為一個充滿信心與成就的日子做準備。

消滅會破壞今天的負面情緒。

淘汰昨天的失敗，今天才是你的日子。

透視你今天的美好目標。

喚醒你的正面特質。

培養你對現在的狂熱。
盡量促成今天更美好的自我。

束縛

擁有特權的人奴役別人，這是人類的不幸。從尚未蓋棺論定的歷史中，可找出許多束縛與監禁的例子，如德國集中營裡難以想像的不人道奴役與大屠殺。這些外在束縛是一股夢魘似的壓迫力，影響了許多人追求快樂生活的合理企圖——我們當然反對。

但我們對自己做了些什麼？有成千上萬的人在奴役自己，難道是假的嗎？有成千上萬的人自縛於不見天日的心靈集中營，難道是假的嗎？有成千上萬的人自禁於無知與分裂、背叛自己，難道是假的嗎？

我們不可自陷於寂寞之中。必須當一個創意心靈觀察者，經常留意內心裡會腐蝕我們的負面力量，經常尋覓我們的美德。

以下的故事，是關於一個二十多歲的年輕人被寂寞、怨恨、失望與睡眠所束縛。

他一副沒信心的樣子，衣衫襤褸，鬍子未刮，態度冷漠。

多年來他一直在白天睡覺，一天睡過一天，晚上起床。他如此做是為了對父親洩恨，父親待他如八歲孩子，控制他的一切生活。他八歲喪母，從此以後與父親、叔叔、姑姑住在一起。他的姑叔一逮到機會就損他，他抗議，可是他父親控制一切。他很懷念母親，在她死後崩潰了三年。學校成績一塌糊塗。

他說：「我白天睡覺，晚上清醒。」

很明顯的，他被極端不幸的過去及睡眠所束縛。

我如何幫他呢？

我說：「你必須再給自己一次機會，把握它。我們都應該有另一次機會。」

「要是我能改變就好了。」

「也許你能——只要你忘掉過去的悲傷，為現在而活。」

「說得容易！」

「或許吧！但你不能使母親復活。她的死使你受傷奇重，但你應該忘掉悲傷，為現在而活。脫離被過去、睡眠與寂寞的束縛。為今天而活，為你的生存權利而奮戰，不要把你的生命全睡光了。」

若能以「**參與**」代替，讓「**束縛**」萎縮，就能將「**寂寞**」轉向「**快樂**」：訓練自己接納一個不完美的世界，這是你唯一能獲得的世界。

接納自己，切勿模仿別人。

切記心中那能使你自由自在的慈悲。

友善待人。

研究別人的優點，但先審視自己的優點。

專注於你的目標。

堅持遊戲的公正。

自由自在的接觸別人。

渴望美好。

應付生活的困擾，不怕犯錯。

在你的心裡，逐漸灌輸付出的欲望。

尋找機會並加以利用。

展露你的真實個性，活出自我，這是你對自己的責任，不要逃避。

自私

當一個人孤芳自賞時就是在孤立自己，陷自己於寂寞之境。一個自私的人絕不會想到別人，他是生活的接受者而非付出者，最後會發現自己是無親無友的孤獨者。真正自私的人不懂得參加競賽，他亂改規則，意圖控制全場。

「**自私**」的反面就是「**公平競賽**」：

為與自己的競賽做自我改進的準備，再擴及別人。

撇開你的怨恨。

讓別人分享目標實現的快樂。

承認你的真正價值，就能開始成熟地接納自己與別人。

想像自己最美好的片刻，使你更易處理人際關係與快樂。

不再苛刻的自我批判。

懂得如何付出。

真實對己是真實對人的開始，亦即從寂寞邁向創意生活。

想要摒除負面情緒表示有了成長。

為今天而活。

仁慈待己。

脫離

縱觀歷史，我們看到過去英格蘭的分離主義者（Separatist）脫離主流宗教與政府的控制，他們更具獨立性地審視各相關議題。

但我們將從不同的觀點來討論脫離，即個人脫離他的自我形象、脫離人的世界。脫離也是造成寂寞的原因之一。

要保持誠實。如果對自己誠實就不需要欺騙自己，可保有完整、平易近人的個性。你會覺得不需要逃避或愚弄別人，因為你接納了自己。

越少脫離你的自我形象，越少脫離別人，就越不會寂寞。

「**脫離**」的反面是「**歸屬**」：

相信你對別人的貢獻。

與別人交往。

在設定有意義的目標時，以你的想像為你及別人提供創意。

反對那些使你脫離別人的因素。

忽視自我尊重就會造成孤立。

滿懷自信向前邁進。

強化對別人的誠懇與忠實，以拉近彼此的距離。

勿對別人存有偏見。

給別人機會，多聽少說。

過去的寂寞

我們已分析了寂寞的十種面貌，現在提出的，是會令你遠離寂寞、獲得快樂的正面力量。

你喜歡搬家嗎？你期望搬家嗎？

我承認我不喜歡，我喜歡舒適安定，我想大部分人都有同感。但是有一種搬家你非期望不可：從寂寞移至快樂。如此你才能擁有更翠綠的田野，更靛藍的天空，更肥沃的土地，更清新的空氣。兩者租金一樣。

當你建立了自我形象並設定好目標；當你的成功機制逐漸恢復運轉，並了解寬恕的真諦；當你忘掉過去的錯誤，並成功地在你奇妙的想像世界加上五彩繽紛的色彩，此時你的日子就會過得生氣蓬勃，你的神情就會開朗愉快，你鍾情於嶄新的日子，你將會滿意這個新家——快樂。讓你的寂寞停留在過去，永遠不再感覺寂寞，不再想到寂寞，不再被寂寞所困擾。

當你為今天而生活時，將寂寞視為你的過去式，將它遺留在過去裡。

第9章
創意心靈觀察者

現在，我們以創意心靈觀察者，總結對自我實現的討論。我們已為你提出許多有用的觀點，諸如：克服良心的負面作用、自我接納的價值、想像力是寶庫，以及設定並完成目標的重要性。

我們將在最後一章，為你分析創意心靈觀察者。何謂創意心靈觀察者？它的意義不解自明。心靈觀察者在意他思考想像過程的運作，以創意對抗負面的思想與形象。他尋找的是**情緒成長與自我實現**的跳板。

創意心靈觀察者化構想為行動。每天強化他的自我形象，為他的成功機制加油，以邁向自我實現。

今天的電視觀眾扮演的只是消極的個體，當他不滿意某一頻道的節目時，只能在有限的頻道上轉換。但今天的創意心靈觀察者是積極的。他先觀看心靈，其次是情緒的成長，最後是積極的付諸行動，追求個人的自我實現。

心靈觀察者的成長世界

心靈觀察者要的是改進、是滿意，強調的是自我實現的追求，而非保持現狀。以下我們來看看這些特點：

1. 塑造更美好的你
2. 想像力
3. 沒有負面情緒
4. 完成目標的決心
5. 為何不當個生活贏家？
6. 行動、嘗試、行為
7. 今天
8. 慈悲、勇氣、專心
9. 有益的習慣
10. 狂熱的鼓舞
11. 放鬆的增加

12. 成功的生活方式

塑造更美好的你

只有在你實際了解自己、接納自己的過錯並減低其傷害時，才會塑造更美好的你。

拒絕逃避，面對鏡中真實的你，自由塑造更美好的你。凝視鏡子，透過你的外觀透視自己的內層，原諒昨天的過錯，讚美今天與明天的成功。

你看到自己錯綜複雜的真相——不是虛構的真相——並接受這種多層次的真相。

抬頭挺胸向前進，不要把頭埋在沙裡。強調你所看到的自身優點，為自己更美好的一面賦予新義。

想像力

想像力不是電力，不是原子能，只是人類偉大的動力。做為一個創意心靈觀察者，要隨時注意你的想像。

不要讓惡運與不幸植根，以免使你的全部個性染上失敗感。不要讓過去的謬誤植根，以免預埋失敗的火種，而使鬱悶無休止的循環。不要扭曲了你的想像。

你的想像不是荒原，你可以掛上一塊警告牌：「**請勿侵入**」，以免自己破壞性的一面闖入這塊富庶豐碩之境。

將想像視為朋友，透視你過去的成功，在你追求美好的生活時，將美好的過去應用在美好的現在。

想像是創意心靈觀察者的眼睛，能得到靈感，為建立有意義的生活製造機會。

以下是一個勇者的故事，他為了忘掉可怕的過去而與鬱悶奮戰。他要我幫他動整容手術。他將近五十歲，矮小，藍眼珠，淺灰色頭髮。一九四四年被關在德軍的集中營裡，懷疑自己怎麼活下來的。

「德軍叫我們靠牆站著，大概有一百多人，然後用機槍掃射。我傷到下顎和頸部，救我的朋友以一塊厚毛毯幫我止血，把我藏在集中營裡。其他人都死了，埋在一個大坑裡。」他頓了一下，好像又看到那恐怖的一幕。

「幾個月以後，我發高燒，我想我死定了。昏迷了好幾天，只隱約知道我還活著。不久美軍就到了。」

他看著地板，深呼吸，「我的父母親、兄弟姊妹，所有家人都死了。我走遍世界各地，仍無法忘懷。」

他擦一擦眼睛，一年前才嫁給他的太太抱著他，她問：「醫生，你可以幫得上忙嗎？」

「或許。為什麼拖這麼久呢？已經二十五年了。」

「之前我心理沒有準備。」

「我不了解。」

「我要留做回憶，我不想忘掉。它能讓我想起苦難發生前的美好時光。」

「那你現在心理有準備了嗎？」

「不錯，我準備好了。」

我仔細檢查他的臉。一塊深而鋸齒狀的疤痕橫過下顎右方，扭曲得很可怕——他好像是個雙面人，一面英俊，另一面醜陋。

他說：「我要忘掉過去，我要一個新的開始，一段新生活。」

這是個難度極高的手術，但手術結果極好，他的臉又對稱了。

我動手術時只用局部麻醉，結束時他要求說：「我可以照鏡子嗎？」

我從事整容手術四十五年，做了約兩萬次手術，從未在這種情況下聽到這種要求。我脫掉手套，拿給他一面鏡子。他詳細地端詳自己，然後低泣著說：「謝謝，醫生，謝謝！」

一週後拆了線。他凝視自己，非常滿意，說了一大堆謝謝。我認為他已脫離過去的所有掙扎，不再回想過去，生活於現在。他是一個嶄新的人。

他走之前給我一個碎布洋娃娃。他是個洋娃娃製造商，市場遍及南北美。

當晚我回想這個拒絕讓想像成為荒原的勇者，為了創造現在的生活，運用想像力對抗他的夢魘。

沒有負面情緒

創意心靈觀察者經常注意負面情緒。他的自衛工作做得很周到，負面情緒很難接近他。他保護自己免於負面情緒的侵襲，好像銀行的防盜——這是個中肯的比喻，因為負面情緒會盜取他內在的平和。

沒有負面情緒並不是指因你的怯懦而拒絕自己。完全不對。你要接納它們，與它們共同生活。學習與你的過錯共存，然後你的自我形象才能堅實可靠。然而，你渴望的是積極思考、想像與行為的方式。

你可以利用「申訴日」（Grievance Day）。如果覺得你的房屋估價不公平或不準確，可以在這一天提出異議。或許審查委員考慮你的情況後，接受了你的申訴。這是申訴的積極方式。

可是許多人把申訴當成一種生活方式。對他們而言，每天都是「申訴日」，每天將自己埋進負面情緒，沉迷於自憐、喪失自己、向別人抱怨之中。

脫離無止盡的申訴與所有負面情緒。應該進入一個充滿意義的生活想像中，雖然有困擾，但也有溫暖的補償，只要願意睜大眼睛就能看見。

前幾章提到家父的軼事就是個好例子。他把鄰居的申訴當作平和友善的仲裁機會，他喜歡幫助鄰居解決困擾。

為你自己這樣做吧！**協助自己解決困擾**。當你的申訴不實際或擾亂時，護衛自己與它們對抗。當自己的好鄰居吧！

如何著手呢？

透過創意心靈的觀察。觀察你在破壞自己的跡象，解除負面情緒的侵犯。

完成目標的決心

旅行中我常聽到人們抱怨「沒有欲望」、「沒有目標」。

當他們說這種話時，我完全不相信。如果全人類有一件共同的事情，我相信那就是：**求生存與快樂的決心**。這是我們至高無上的目標。

這個主要目標又分為許多次要目標，我們有將其實現的決心，以及執行決心的努力。我們每天都重入戰場，開始對新目標的新探險。請看下面例子：

這個女人曾參加心靈控馭研討會，已婚，約四十歲，兩個孩子也已婚。她來自小康家庭，但是對自己無所適從。她需要一個目標，有必要挖掘自己的能力。

後來她終於發現了自己，成為加州一個小社區的房地產經紀人，她決定在這個職業上有所成就。她成功了。

研討會結束後，她來找我，只為了告訴我她內心的感覺。她當然覺得自己偉大，她動員了所有的決心來完成目標。

創意心靈觀察者也將領略到完成目標的決心。他會以創意引導思考來設定高生產力的目標，並抱著決心去完成。

為什麼不當個生活贏家？

如果你是一個創意心靈觀察者，你會像名棒球打擊手貝比魯斯一樣——眼睛緊盯著投手投來的球，心裡猛想擊出「全壘打」。

努力將過去的成功，延伸為生活中新的成功。做為一個創意心靈觀察者，要不斷地警覺你想像中的成功感會開花結果。

你很容易認為自己不是個幸運者，因此無法有所超越，但你必須**超越自己**。

上一章我提到兩個六十多歲的人——一男一女——他們互相滋潤了無趣的生

活。許多人仍保守得一成不變，而這兩位老「年輕人」在自己內心中發現了一股贏的精神。

他們都做得到，為什麼你做不到？

行動、嘗試、行為

成為一個創意心靈觀察者必須有行動、嘗試、行為。積極的思考加上積極的行動。

你不只是調節心靈的調溫器，還要在心靈中安排建設性的思考過程，最後再付諸行動。

有一個朋友告訴我第二次大戰時步兵在歐洲的戰鬥情形。當時他隸屬的那個師靠近德法邊界，部隊正一天一天向前推進。他們遭到頑強的抵抗，死傷慘重，他是少數未陣亡的人。他是偵察兵，走在部隊最前線，由於毫無掩蔽，因此一直保持最高的警戒心，觀察前方德軍控制區的動態。

做為一個創意心靈觀察者，你也要對你的敵人保持警戒心。它們會像希特勒一樣毀滅你。

你的敵人是誰？就是**負面情緒**。

今天

行動、嘗試、行為。很好，但何時呢？

今天。今天是你自我實現的時機，今天是你探險生活的時機。

不是明天，是今天！

做為一個創意心靈觀察者，強調自己是一個完全而獨立的人，不要讓其他人支配或束縛你的思考。

為了到達目的地，坐在你的汽車駕駛座上，自己開車，不要讓別人替你駕駛。當你迷路開進一條死胡同時，沒關係，倒車，迴轉，再開。

法國文學家雨果相信，適時的構想，比世界所有武裝強權更要緊。

現在就有一個適時的構想提供給你：當一個心靈觀察者，追求今天的美好生活。

慈悲、勇氣、專心

根據德國哲學家叔本華的說法，慈悲是美德的基礎。

慈悲就是以社區居民為職志，獻身自己，在美德的基礎上追求和諧相處。這種慈悲需要勇氣，而這種勇氣又被低估了，真是不幸卻又真實。許多人沒有足夠的勇氣將慈悲視為一種生活方式。如果你做得到，將會發現你的付出也會有同等的收穫。

做為一個心靈觀察者，應該專心地培養慈悲與勇氣的能力。專心是一種藝術，讓心靈不受干擾，過濾心靈中會令你思考消極的不相干因素。

專心的焦點應該放在能加強**自我形象**、達到**自我實現**的特質上，如慈悲與勇氣。

有益的習慣

創意心靈觀察者會注意他所養成及所拋棄的習慣。

我們都具備有益的習慣，同時也有些無益的習慣。

早上起床要刷牙是有益的習慣，因為這種習慣使你滿意，口腔清爽，更享受愉快的早餐時光，使你更快樂。套上布鞋後馬上繫鞋帶，是另一個有益的習慣，如果穿布鞋忘了繫鞋帶，走不了兩步就會絆倒自己。

不過，有些習慣對你並無益處，如酗酒或抽煙過多。打斷別人的話是一種不好的習慣，會使你們的友誼發生變化；如果友誼不受影響，老實說，你的朋友可能很有肚量，不然就是也喜歡強辯。

你如何處理那些無益的習慣呢？你如何應付影響生活品質的搗蛋者？

例如，一大堆蟑螂躲在牆角的隙縫內，怎麼辦？

噴蟑螂藥？當然。

那你的負面思考習慣呢？是否也以創意心靈觀察來撲滅它們？

當你是一個創意心靈觀察者，要為你的想像力放哨，好像哨兵一樣，提防夜晚意圖入侵的敵人。要隨時準備擊潰你的負面情緒。

驅逐你負面和無益的習慣，鼓勵你**正面和有益的習慣**。

不過請你記住：明確地說，雖然你的習慣可能根深柢固，仍能奮力對抗。

狂熱的鼓舞

做為一個創意心靈觀察者，狂熱的鼓舞也是你的目標之一。淘汰心靈中的無聊——源於你的年齡或社會地位等——鼓勵自己好奇地尋覓新的探險，以及每天都會有的興奮與鼓舞。

早上是一天的開始，醒來後抖落一身的疲憊，壓制負面情緒的衝動，發誓使這一天充滿興奮。

你有目標，你對目標充滿狂熱，所以這一天絕對不會遲鈍無力。這些目標鼓舞了你。

即使你已退休，別人認為你應該閒著，無事可做。不要理會這些愚蠢的建議，你只要滿腔熱誠地面對每天的目標，這些目標會鼓勵你。

即使在龐大的外在壓力之下，也要興奮地面對每天的目標。因為你將為嶄新的日子帶來嶄新的希望。最近的失敗都已過去，忘掉吧！

鼓舞也會增減。鼓舞的減少表示缺乏目標，處於恐懼與焦慮中。但鼓舞的增加表示對目標的狂熱，急於去完成。你的基本目標是要成就自己，以此為起點，追求鼓舞的增加。

為每件小事情感到喜悅。

例如，有一天我與朋友在紐約第五大道散步，有個女人跑過來抓住我的手猛握，她說：「嗨！」

「嗨！」我說。

「你好嗎？」

「很好，妳呢？」

「看到你真高興，對不起，我有個約會，快遲到了。」然後就走了。

這個可愛的小插曲令我很高興，即使我與朋友在一起散步仍很驚訝。她是誰呢？

狂熱的接受生活中所有的小事，甚至不重要的事。

放鬆的增加

前面是鼓舞的增加，接下來是放鬆的增加。缺乏放鬆就沒有真正的完成，無論爬什麼山都沒關係，只要爬完後能放鬆就好。假如不能隨時給自己機會休養，並更新你的力量，那些奮力達成的目標就失去了真正的價值。

我們是凡人，不是超人。或許超人能一天二十四小時開車而不睡覺，我不知道，但血肉之軀的人做不到。

英國詩人華茲渥斯（William Wordsworth, 1770-1850）曾說：「休息的本能，寧靜的渴望。」

智者的放鬆力可做為我們的榜樣。

創意心靈觀察者要注意疲倦的訊號。了解他也有極限，將這些極限當作是停止行動、開始放鬆的憑藉，而非怯懦。

當他開始放鬆時就要全心全意，不可偷工減料。好像是付出全力履行目標，所以要全心全意地放鬆。休息也是他的戰利品，因為他的生活充滿了狂熱和鼓舞，決心和欲望。所以他現在能接受放鬆的想法，鬆弛自己，使身心休憩。這就是我所說放鬆的增加。

以下是使你獲得「放鬆的增加」的建議：

1. **培養寬恕的心**：原諒別人，因為他們只是人。原諒自己，因為你也只是人。如果你懷恨在心，可能傷害別人，但積聚在心中的怨恨，一定會傷害你自己。不懂得原諒別人的人活得不踏實。能原諒別人，就是向放鬆的增加邁進一大步。

2. **保有自己**：會因別人而煩惱，就是未掌握你的權利，你生活在「別人」制定的規則裡。保有自己是一個更合理的目標，甚至超越自己。每天都希望自己成為更成熟、更有創造力、更具慈悲心的人。在此情況之下，是由你來制定遊戲規則。

3. **透視過去的成功**：運用你的想像力，一次又一次地在你的寶庫裡透視過去的成功。當你的過錯與失策使自己困擾時，不要緊張，看到貯存在心靈中過去的成功經驗，懷著這種美好放鬆自己。

成功的生活方式

這是創意心靈觀察者的基本概念。他警覺失敗機制與成功機制剛開始萌芽時的跡象，他驅策自己邁向成功——把這當作一種生活方式。他想盡辦法避免陷入失敗的流沙中。

創意心靈觀察者死盯著目標，努力強化他的自我形象，採取積極的方式盡力透視自己。

他了解一個目標奮鬥者的權利，不會自卑。不管是對名人、政治人物或商業大亨，都不會感到自卑。他承認這些人的才氣、勇往積極、支配力、信心，以及一切有用的資產，但他不會自卑。他們是人，他也是人。每天盡其所能，不會對任何人自卑。

他為自己設定實際而激勵的目標。設定目標之後，研擬完成的策略，然後邁步行動。失敗與挫折動搖不了他，因為前面是一個嶄新的日子，他會更新自己。

強化他的自我形象，積極應用他的想像，承認做為人的權利，逐漸恢復他成功機制的功能，過著成功的生活。為自己創造成功的生活方式。

心靈觀察與自我實現

我們已完全觀察了創意心靈觀察者的成長世界。這是一個成長世界，因為他們已知道人類的可能性。他們是幸運者，在這個錯綜複雜且紛擾不堪的世界中，他們知道何處可以找到真正的滿意。

創意心靈觀察者不會在寂寞與荒涼的歧路上迷失自己，他們太了解人的真正價值，知道邁向溫暖友誼的康莊大道。友善是一個美麗而具象的詞語。友善待己，再推己及人。

這就是你為什麼要成為創意心靈觀察者的原因。真正的創意心靈觀察者先將其憑藉內斂，再蓄意外放於一個你不能放棄的世界中。

然後你已經走上了邁向自我實現之路。

懷著一股健壯的自我形象。

設定真實的目標。

克服潛在的良心虐待。

有效運用你的想像追求美好。

最後一句忠告：**你會達到自我實現，它是個純淨的可能性。**

給你這個忠告，是因為最近有很多人將頭埋在雙手裡抱怨社會的可怕、不近人情、殘暴、冷淡，與漠不關心；是因為有很多人搖頭埋怨現代生活的快速改變、信心與信仰的缺乏，以及核彈與核子時代的恐怖；是因為有很多人在看過報紙標題與電視新聞之後，就準備逃避這個世界。

這個世界常被認為是一個困擾之地，我同意這一點。我也跟你一樣，不見得總是喜歡看到這些事情發生。

再強調一次：自我實現是這個社會的一個可能性，不是一個空洞的目標。

根據我的建議，強化你的內在資源即能獲得自我實現。希望本書能協助你獲得真實的自我實現，而非空洞的不切實際。

PART 2

問答精華

我將數年來別人所提出的問題，收集整理如下，希望對你有所幫助。為了閱讀及參考上的方便，特地加上小標題。

第10章
馬爾茲醫師聊天室

憤怒

問：為什麼會有突然及頻繁的憤怒？有必要憤怒嗎？如果不發洩是否會造成挫折？

答：憤怒是內心裡龐大的破壞力之一，發洩時會傷害我們。你賦予它生命，所以來得突然又頻繁。有必要憤怒嗎？沒有必要。生活裡若沒有憤怒與怨恨，負面情緒就無法生存。你能以憤怒來描述自尊嗎？或是謙虛、慈悲、自我接納？都不能。憤怒是挫敗，是一種爆炸性挫敗，你把消極的傷害轉成了積極的刻意破壞。

如何克服憤怒呢？每個人都應該從內心裡了解成功或失敗在所難免，而成功意味著有能力超越失敗與憤怒。抵禦憤怒的方法有三：

1. 照鏡子，看你那副憤怒咆哮的表情。露一個充滿信心的微笑。前者緊張，後者放鬆。問自己要憤怒多久。如果你有勇氣笑，就大聲笑。

2. 從事某項活動，以擺脫被抑制的精力，就算是散步也可以。散步，散步，散步。原諒，原諒，原諒。原諒別人與自己。

3. 把想罵的、最污穢下流的話寫下來，一讀再讀，然後揉成一團丟進垃圾筒。

慈悲

問：我三歲的女兒提出這個問題：「那一個詞最討人喜歡？」

答：我問過很多人這個問題，答案都一樣：愛。但我認為**慈悲**更恰當，因為它包含了愛。

慈悲是勇敢無比的付出。樂觀的面對生活，成熟信心地對待別人；讓別人分享你的自信、自尊，與自我接納；信任別人，與別人共享你正面創意活動的創造力。慈悲是一種不需時間的專職工作，從「人人皆兄弟」開始。擁有慈悲，你就是**大人物**；否則你將**無足輕重**。連憎恨人類的叔本華都說：「慈悲是所有美德的基礎。」真是諷刺，卻一針見血。

有一個晚上，我在華盛頓州西雅圖的一所教堂演講之後，一位十七歲青年提出一個問題：「假設下一分鐘你就要離開這個世界，請你以一句話，作為給我們這些年輕人的忠告。」

我毫不猶豫地說：「用不著一句話，兩個字就夠了——**慈悲**。」

有慈悲就會有謙遜的行為，這是你成功最主要的特徵。因此你會覺得世界既屬於你，又屬於別人，能與別人共享你的好運，也就能與他們共享人類之愛。

管教

問：何謂管教？

答：一百多年前，維也納有許多婦女在生完孩子後就死亡，克萊恩教授認為是空氣感染。有一位名叫謝美懷斯（Philip Semmelweis）的年輕醫生不相信，後來終於發現是血中毒——因為醫學院學生的手在幫產婦做檢查時，引起了產後感染。

克萊恩教授代表權威，謝美懷斯代表思考與探求真相的自由。權威把謝美懷斯趕出醫院，克萊恩教授不理會他的看法。後來，謝美懷斯在檢視一位死於產後感染的女人的組織檢體，無意間割傷手指，結果發燒而死。連男人都會得到產後感染！思考與探求真相的自由終於戰勝權威。

家庭中也有權威與思考自由的衝突：父母的權威與孩子的表達自由。孩子有他們心目中的未來，父母也有他們的成熟與智慧。然而在懲罰與缺乏了解時，擺出父母的權威就有欠考慮了。

管教孩子務必要具有創意，不能像克萊恩教授惡意的教訓謝美懷斯。這種事對成人比孩子更具考驗。**了解與自尊**是創意管教的關鍵。

創意管教需由父母與子女合夥經營，是曾經犯過錯的父母與未來會犯錯的孩子雙方的自我形象商議。管教在這種創意的友善氣氛中具有建設性。成人仍保有他的自尊，孩子也是。

因此只有在自律的前提下，管教才具有創意：去控制會讓我們失敗的情緒，例如恐懼、憤怒；去善用會幫助我們的情緒，例如了解、自尊、勇氣。我們不能強迫孩子接受我們的自我形象，孩子也有他自己的自我形象。我們應協助他改進他的自我形象，並從中獲得快樂。

情感的創傷

問：有沒有簡單的方法可以療癒情感的創傷？

答：沒有。美國黑人的情感創傷是實際而切題的例子，現在仍然存在。他們忍耐再忍耐，在這種艱困的情況下繼續勇往直前，這種能力讓他們非常自豪。逃過希特勒迫害的猶太人是另一個例子，他們孤身且身無分文地逃到美國，咬緊牙關，重建新生活。

這些不讓情感創傷損毀自己的人，可以給你一些啟示。忘卻你的「噩運」與「自卑感」。

當挫敗激怒你時，把它發洩掉。

每天問自己：我如何療癒我的情感創傷？

你最好的工具就是你所建立的自我形象。

邪惡

問：你說你不承認「邪惡」，舊約聖經裡明明記載上帝曾說「我創造邪惡」，你是不是睜眼說瞎話？如果根據你的說法，我們如何能忽視一股強大的壓力呢？我們不該了解敵人嗎？

答：先聲明我不是這樣說的。我說的是對我而言，人類最大的邪惡在於犯了錯而拒絕去克服。我們內心裡有兩股力量：生存的意志與自我破壞的意志，即快樂的意志與不快樂的意志，也是成功的意志與失敗的意志。我們內心裡同時擁有成功機制與失敗機制——也就是我們的優缺點。我們能以信心、勇氣，及了解來克服內心裡的失敗直覺。創意生活的真諦不只是追求成功，而是要克服上述的過錯來追求成功。

再強調一次，最大的邪惡是抱怨失敗，並對如何去克服一籌莫展。我建議你忽略負面情緒，充滿信心完成目前的目標；但我並非要你否認負面情緒的存在，我的意思正好相反——要認出它，再進一步以饒富創意的方式將危機變轉機。

存在主義

問：心靈控馭與存在主義有何關係？

答：去年我在加州恩希諾演講時，有一個人恭賀我的書，說是一部存在主義的佳作。我不知他所指為何。但到邁阿密海灘演講前，有件事引起我的注意。在旅館大廳等電梯時，我聽到一位十八歲的女孩與二十二歲男友的對話：

「我不喜歡心靈控馭。」

「我喜歡。妳為什麼不喜歡？」她的男友說。

「它不夠曖昧。我喜歡沙特。」

存在主義最偉大的代表沙特，一點也不曖昧。他的劇本《沒有出口》（*No Exit*）充分表現了他的哲學內涵，那是一種具有負面內涵的虛無，沒有未來，對人類也不存希望。沙特是一個徒勞症候群（futility syndrome）的受害者。

心靈控馭正好相反，對人類充滿希望和信心，堅信自己有自我實現的力量，培養做為一個人的自尊與尊嚴。我們不必閒扯「沒有出口」，該注意的是

「入口」——如何進入創意生活。**存在主義**是紅燈！**停止**。**心靈控馭**是綠燈！向你的目標**前進**。

愛爾蘭有一句古老的格言：「上帝若關起一扇門，祂必會另開一扇窗。」我們可以將其引申為：如果你關上通往成功生活的門，必須以雙手推開另一扇充滿成功機會的窗。

友誼

問：何謂友誼？

答：友誼是我們去探求以期獲得的最重要事物，但大部分人會失望而回。失望令我們覺得被虐待。我們將過錯歸咎別人，而難得反省自己。

友誼是人生最重要的事業，是一個基本目標，務必盡力體會。

友誼是我們對別人的付出，而非從別人獲得。它是對別人逐漸灌輸勇氣，是將我們的自尊移轉給別人，是和別人共享我們的信心，是我們送給別人的禮物。

我們將自己的一部分提供別人，能培養我們適當的自我實現，這就是友誼務必記得別人，將我們最好的自我提供給別人，唯有如此做，才能獲得友誼的回報。

務必隨時修補我們的自我形象。為了成為別人的朋友，必須先成為自己的朋友。務必面對失敗接納自己，只有這樣才能將你的友誼付出給別人，友誼才能顯現其真正的價值。

問：如何交朋友？

答：告訴你一個有關四個女人的故事。她們每星期五晚上輪流在每一個人家裡聚會，三十年來從未間斷。她們首次邂逅時都十分年輕，四個人都有一頭金黃色秀髮，而且都不會隱藏自己的情感，所以一碰面，立刻就成為好友。過了這麼多年，她們現在都已六十多歲，感情卻有增無減。

她們每次聚會做些什麼？談自己的家庭、新聞、新的時裝，以及新的電影。但最重要的是打撲克牌。她們都是撲克牌高手，當然也賭錢，賭資不大。

她們都裝不出「撲克臉」，一個人的小幸運都能引起其他三人的歡樂共鳴。她們都不是不苟言笑的人，她們彼此同樂，維繫著友誼。

問題是如何結交朋友並維繫你們的友誼。你的世界可能充滿寂寞，交友能解除寂寞。有些人會想盡辦法讓別人留下深刻的印象，這樣做不聰明。不要裝出一副虛假的面孔——一副**撲克臉**——否則別人會懷疑隱藏在背後的陰謀。

誠意的表現是交友的萬靈丹，切勿不苟言笑。

挫敗

問：如何克服挫敗？

答：挫敗是一種慢性的負面情緒，不可對挫敗讓步。

當我們的輔助機制能處理構想與困擾時，我們都是創意縱橫的藝術家。但是很多人將煩惱、焦慮，與恐懼擠入我們的創意機制裡，希望我們的前腦解決問題，可是前腦是我們的思考中心，而非執行中心。這種擠壓對我們毫無益處，它抑制我們邁向目標，在我們面前堆滿了路障，造成挫敗。

挫敗的路障有五：

1. **做決定前後都煩惱無比**。每一天我們都多背負了二十公斤的煩惱。我們的焦慮應表現在做決定之前，而非之後。在做決定時，焦慮會帶來創意；一旦做了決定，就要停止煩惱，喚起過去成功的信心，做為現在的導引；否則會造成立即的挫敗。

2. **不但煩惱今天，還煩惱昨天和明天**。讓過去的失敗與未來的憂懼，做為現在的導引，會立刻引起挫敗。我們無法以負面情緒做積極的思考，也無法以正面情感做消極的思考。只為今天思考，每一天都是完美無缺的一生。明天並不存在，若有的話，那是另一個今天。忘掉昨天，將它灑落在時間的真空中。讓你的輔助機制發揮效用——對今天負責。

3. **我們敗於好高騖遠**。好高騖遠是明知不可為而為之，會帶來緊張與抽搐。不要與放鬆為敵，一次只做一件事會使你放鬆，使你免於緊張與失敗。

4. **每天二十四小時都在煩惱，毫不休止**。我們把困擾從辦公室帶回家裡，再帶到床上，也帶來了挫敗的緊張。如果你解決不了困擾，將它擱著，讓你的成功機制召回過去的成功來為你効力。

5. **不願放鬆**。我們只聽過放鬆，卻不知其為何物。別人無法給你放鬆，必須靠自己。拔掉悲痛的插頭，放鬆，讓心靈保持澄淨。以放鬆來擊退挫敗，不要再考慮了，現在就開始吧！

潛力

問：如何發揮我的潛力？

答：1. 我們都是為目標奮鬥的人，當為一個有用的目標努力時，就會盡全力。

2. 成功地完成這個目標時快樂無比。

3. 快樂像早餐一樣，本身可能是而且也應該是一個目標。我應像吃早餐一樣地積極追求快樂。

4. 當一個創意心靈觀察者，慎重分辨快樂與不快樂之間的差異。謹記著我們是在為成功而努力，我們有權利為自己做最好的選擇，那就是快樂——一種我們能夠培養，但不加重別人負擔的心理習慣。也就是說，不要把我們的快樂建築在別人的痛苦上。

5. 我們並不是隨時能獲得快樂與成功，因為困擾每天都在圍攻我們。為什麼要讓恐懼、自卑、怨恨、變幻無常來阻礙我們完成目標？

6. 不快樂會摧毀自尊。我們負有鑑定自己身心發展的義務，我們沒有權利讓自己受到不快樂擺佈。

7. 快樂絕非汲汲營營而得的結果。快樂與道德感無關，就像呼吸與生存也與道德感無關。快樂不是因為無私而得到的報酬。

8. 不快樂是自私的，因為不快樂會破壞我們的價值。

9. 就特殊的道德感而言，快樂就是一種無私的舉動，因為會讓我們自動變得更善體人意，也比較不會對同胞展現出自私的行為。

10. 把不快樂當作痛苦與罪惡。

11. 快樂使我們更能展現真實的自我。

請你記住蘇格蘭作家史蒂文生（Robert Louis Stevenson, 1850-1894）這一席話：「當一個適於自己能力所及的人，是生命的目的。」

上帝

問：上帝死了嗎？

答：說上帝已死的人，事實上是在表明他們的內在已死。這是人的本質，有許多實例證明我們容易將自己的過錯歸咎別人，如果懶於怪別人，就會怪上帝。世界各地戰事頻繁，包括越戰與中東戰爭，三大宗教都歸咎於上帝，但我們卻忘記了人類有始以來最龐大的戰爭，就是與自己奮戰：與負面情緒奮戰。怨恨、緊張、心靈的痛風，以及每天存在內心裡的毒瘤，剝奪了我們的安全與尊嚴，侵蝕了我們的內心，使我們成為空虛的人。我們必須搗毀這面牆，以便從上帝的形象中，透視我們的形象。生存就是擺脫謬誤與負面情緒，實現自尊的完全發展，並與別人共享。

成功或快樂都有感染性，可以將你的自我實現與別人共享，傳達到他們身上。你無法將它隱藏內心，你有責任讓它蔓延擴散。你屬於你自己與你的家庭，也屬於國家與世界。

上帝死了嗎？祂活在所有人的心裡。

沒有一支夠強大的軍隊可以管控全世界，就算聯合國也做不到。所以我們務必先管控自己，控制你的負面情緒。如果有一天聯合國世界論壇的主題是：「上帝死了嗎？」豈不妙哉！

快樂

問：你能快樂嗎？

答：當然。組成快樂的因素如下：

1. 微笑。像呼吸一樣自然地微笑，每天至少要微笑一、二次，如果是重要日子更應該多微笑。
2. 愉快。思考過去的成功，將過去成功的信心，運用在目前的行事上。
3. 仁慈。要友善待人，世俗社會渴望友誼。

4. 不要批判自己及別人。

5. 忘掉昨天。切勿讓過去的不快樂把現在的自己壓得喘不過氣來，你活在今天，不要讓過去的負面情緒妨礙你現在要邁向的目標。

6. 平靜而理智的應付事情。

7. 如果今天失敗了，切記明天是今天的延伸，隔天再試一次。快樂是指有能力從失敗中站起來。

8. 了解你的能力，不要模仿別人。

問：請解釋一下你所說的感染快樂？

答：我們都聽過感染疾病，但你聽過感染快樂嗎？感染快樂也存在著。傷寒傳布的是疾病，而快樂傳布的是健康。以下是感染快樂的跡象：

1. 方向感
2. 誠意與了解

3. 慈悲

4. 勇氣

5. 自尊

6. 信心

7. 自我接納

8. 愉快

9. 樂觀

10. 信仰自我與神明

11. 欲望、意志，與毫不退縮的積極助人能力。

我們能自行製造以上的跡象。從錯誤中發現能帶給我們快樂的資產，並將快樂感染給別人，我們就是心靈的觀察者。

今天，人類探測外太空有非常重要的意義，或許更重要的是：做一個心靈觀察者來發現心靈的內太空，偵查出扭曲了我們自我形象的罪惡感與傷害，以超越失敗的成功經驗來對抗失敗，追求快樂。它告訴我們，過去的傷痕讓我們更上一層樓，而不是造成傷害，使我們獲得快樂，永懷赤子之心。古羅馬詩人賀立斯（Quintus Horatius Flaccus Horace, 65-8 B.C.）有句話說得最傳神：「隨時把握今天，不要相信未來的任何一天。」

假如我們將快樂感染給十個人，他們又各自感染給十個人，那麼健康與快樂很快就會傳遍世界各地。

快樂，是世界上唯一能多重分配的產品。

問：你對快樂的定義如何？

答：快樂是一種心靈狀態或習慣，讓我們更能享受時間的愉快，它來自我們的內在機制。我們內心裡尚有一個「煩惱」機制，它們同時分別存在著，卻又互為連鎖，當事情發生時，我們依情況決定採用那一種機制。因此，我們不是引來煩惱，就是獲得快樂。

煩惱和快樂一樣，也是一種心靈狀態，在心靈之幕播映過去的失敗，而干擾了正著手的新目標。人與其他動物不同的是：人有一個前腦，是我們的欲望、目標、希望、成就感，及自我實現感的主控中心。我們在觀察一個目標時，會從貯存過去經驗——不論好壞——的中腦，選擇要邁向的目標，可能是快樂的勝利感，也可能是讓我們出師未捷身先死的負面情緒。

問：如何滿意地生存於這個煩躁、狂熱的時代？

答：最近我的一個作家朋友說了這個故事。

有一天早晨他很沮喪、空虛，像徒有美麗封面封底的書，裡面卻空無一物。他在自己的農莊散步，呼吸新鮮空氣，走到一棵葡萄樹前停下來，看著懸掛在枝上成串的紫色葡萄。大自然真是奇妙，他對這棵葡萄樹並沒有特殊的培育，只吸收了地氣、陽光和雨水，即能為人類帶來美好的果實。他又停在一棵蘋果樹前，他雖然從未修剪果樹，粗壯的樹枝上，也結滿了蘋果。它為他、為他的朋友、為他的鄰居、為拂曉時吵得他睡不著覺的鳥兒、為田野中的小動物結出甜美的蘋果。

他發現這個奇蹟。放眼看去，一片翠綠，到處都結滿了果實。這個豐足的世界怎麼會令人空虛呢？於是他走回家，振筆寫作，不再覺得空虛。

我認為只要我們能切記下列幾點，內在的豐足就能令我們快樂：

1. 我們來到這個世界為的是成功，不是失敗。
2. 我們有豐足的自我形象，只要將過去成功的信心運用到現在，即能完成目標。
3. 只要每天都有一個適當的形象及一個有用的目標，每一天都是豐足的生活。
4. 擺脫失敗與昨天的過錯，打開現有的豐足之窗。
5. 希臘悲劇作家尤里畢底斯（Euripides）說：「對智者而言，充分就是豐足！」請將此話銘記於心。

謙遜

問：何謂謙遜？

答：最近我從紐約坐飛機去倫敦，飛機在夜晚披星戴月的飛行，拂曉時到達。

我聽到前座一對夫妻的對話。

太太說：「好美的景象！相形之下，我的感覺已無足輕重。」

先生說：「我們活在這個宇宙中真的值得慶幸。」

他們的對話使我了解謙遜的意義。謙遜不是消極的無足輕重，而是積極的彌足珍貴。

謙遜不是自我否定，而是自我肯定。它是成功與失敗的調和——將失敗定位於過去，將成功定位於現在。不可讓它們支配我們。它是優越與自卑的平衡；它是一種折衷，讓我們既不受制於過去的失敗，也不吹噓現在的成功；它是我們情緒的溫度計，使我們活得有骨氣。

謙遜含有八個因素：

1. 誠懇
2. 了解
3. 熟悉
4. 聆聽
5. 正直
6. 知足
7. 渴望
8. 成熟

謙遜並不丟臉，謙遜需要時間學習。巴利（James S. Barrie）曾說：「生活是長期學習謙遜的歷程。」

認同

問：在過度遵從中如何認同自己？

答：首先應了解何謂遵從與過度遵從。我們都必須遵從明確的規則，遵從有益於管理，它使生活規律化。

我們遵從火車與飛機的時間表，遵從工作的各種流程，遵從國民應盡的義務，這些都是文明生活的一部分，是團體生活的本質。

但會拘束我們的過度遵從是否必要？

盲從於朋友的見解、依照別人的生活水平過活、喪失自己，以上情形都是過度遵從。

對抗過度盲從的利器，是認同自己、保持自己。

問：一個人真正的自我是什麼？

答：當你照鏡子想知道真正的你時，應該自問：「我是誰？我如何對待自己和別人？我希望成為自己或模仿別人？我希望取悅於人嗎？」

當你希望成為別人時，是在限制你真正的能力，扮演別人的複製品，擁有的是別人的形象。

如果真是這樣，你不配做人。如果你只是在取悅別人，你也不配做人，因為你是生活在別人的形象裡。

只要你不再希望當別人或模仿別人，就是在脫落你不正確的一面。只要你在交朋友前先成為自己的朋友，你的真正自我就在發生效用。想獲得別人的愛，就需先獲得自己的愛。這種愛就是自尊，不是自戀。

自尊暗示你自己的信心與勇氣，以及了解你和別人的需要，自尊也暗示一種方向感，能在你的極限與能力之內完成目標，所以它是你真正自我的起源。

當你了解做與不做的差異，當你了解自己的能力，就不會妄想成為其他人，那麼隨時可以將你的能力用在實際目標的完成。一個目標接一個目標的完成，就等於擁有了可以自我實現的無限機會。

寂寞

問：我很害怕寂寞？為什麼會這樣？要如何才能克服？

答：我們一生都在處理不確定的事，因而產生了寂寞感，這是人類最大的痛苦。可是生存就是使不確定順從於你的意志——只要你能，即能掌握權利活下去，並獲得快樂。也就是說，我們都是目標奮鬥者，完成一個目標，再著手另一個目標。只要我們活著，它就是對抗寂寞的後援。

寂寞有三種：對外在世界的寂寞，此其一；對另一個人的寂寞，此其二；對自己的寂寞，此其三。第三種是最差勁最惡劣的寂寞，表示出你的羞愧以及你不能接受的一面。

負面情緒會帶來不快樂的自我形象，使你遠離世界與自己，限制你和自己以及你所屬世界的溝通。

寂寞也是驅逐、甩掉自己，對返璞歸真冥頑不靈。悲傷更會帶來寂寞，這是畢生的掙扎。

要面對現在，不可以使自己脫離了現實、別人，以及你自己。

讓自己返璞歸真，擺脫失敗與悲傷，隨時與自己溝通，重建一個你把握得住的新自我形象，並建立一個你引以為傲的形象。切記：沒有你的同意，誰也不能令你寂寞。

憂鬱

問：憂鬱時怎麼辦？

答：我們每天的行動都不同，在不同的日子，我們甚至能以不同的方式處理同一件事。手術時，有時我對護士及助理和藹可親，有時卻很嚴肅。

我們的心情會起伏不定——這就是情緒週期——它根據在生活的壓力與挑戰下，我們擁有何種形象而定。

情緒低潮時，我們對別人或自己都會吹毛求疵；我們會易怒、不在意別人、沮喪、不快樂、以自己為恥。我們會暫時迷失自己的自信、了解與自尊。

情緒低潮是一段懷疑的時期。

情緒高潮時充滿希望、激動、信仰與自信。我們狂喜地解決每天的困擾，滿懷信心的完成目標。我們在此時擁有引以為傲的自我形象。

我們好像登上世界之峰，發洩了過剩的精力，猛然又跌進了沮喪氣餒的深坑中。情緒上升又跌落。自我形象是行為的根基，但是形象像你的臉一樣，也有緊張與放鬆的區別。

心情是生存的要務之一，從臉上的表情，即可看出你的鬱鬱寡歡。如果能恢復內在的成功機制，你的心情很快就會轉好。

沮喪時是運用想像力的良機。找把椅子坐下來，放鬆，走進你的心靈之門，透視你過去的成功，想像一下，感受一下。如此可以改進你的自我形象，使你重獲信心與快樂。

負面情緒

問：如何克服負面情緒？

答：我相信答案就在下面這一封信中，它是一名曲棍球員寫給我的。

我在加拿大和美國打了幾年冰上曲棍球。除了一九六六至六七年那個冬天外，我從未失望過。可是，現在事情樣樣不對勁，進不了球，傳球也傳不好，比賽無法全神貫注。我打了五十場痛苦的球賽，拚勁十足地盡量得分，可是球季已結束，五十場才進了六個球。雖然我身強體壯而且狀況良好，卻處於放棄比賽的邊緣。我在球隊的地位不穩固。我沒被選上即將在維也納舉行的世界曲棍球大賽的美國代表隊，可是我很想參加。

我的朋友推薦我看你的書，看了以後，我覺得對我的曲棍球生涯很有幫助。我立即應用來改進自己。每天我坐在辦公室的椅子上，把燈熄掉，回想比賽中的各種狀況，特別是表現失常的時候。發現在我回想起的每一場比賽中，我都害怕受傷，事實是，這種恐懼的情緒似乎控制了這些比賽。當我獨坐在黑暗裡時，答案很快就湧現出來。潛意識的經常害怕受傷，足已摧毀我整個曲棍球生涯。

我立刻以正面的情感與思想，來取代這種負面情緒。回想表現良好及進球的每一狀況，我再次體驗到進球得分的快感。克服了受傷的恐懼。

在一九六七年二月和三月，每天都真誠地反省一次。雖未立即見效，但我內心裡知道一定會改觀。以前常坐冷板櫈，現在已被派上場打前鋒。我以新的狂熱來打球，看起來好像是一個曲棍球新手。我的成功令人難以相信，名字上了報紙標題，因為我持續進球，贏得比賽，兩個月前我根本做不到。到歐洲巡迴比賽時進了八球，大部分都是擊敗對方的關鍵球。我深信自己一定會入選一九六八年奧運曲棍球的代表隊。

壓力

問：如何在壓力下生活？

答：首先要承認自己的怯懦時期，這是對付壓力的基本原則，因為你並非隨時堅強。不幸的是，許多人——尤其是男人——認為自己隨時都要很堅強。如果不接納怯懦，你會在危機中崩潰。因為若你認為隨時都要很堅強，那是在加重自己的負擔。

任何人在壓力之下都會猶豫不決，該採取行動時，卻毫無動靜，因此會變得傲慢自大、一事無成。

必須承認壓力之下也有怯懦，去克服它們。否則將陷入萬丈深淵，不可收拾。

所以，要先承認你的怯懦，接納你的負面，運用你的資源來使成功機制恢復運轉。

問：如何在面對壓力與緊張下了解自己？

答：培養真正的自我，也包括對抗每天的壓力——緊張與困擾。困擾總是凌駕在我們頭上，它能提高我們做為人的尊嚴，助長我們的心智。成功意味著對抗困擾、失敗、緊張、侵蝕，與衝突的能力。

在你給自己機會發揮時要先認識自己，在你處理困擾時要先培育你的形象。如果讓負面情緒支配了你，而埋怨生活的無情與乖舛的命運，你就不是自己了。你會越來越不像自己，你使自己的形象萎縮。

你是挫敗與信心、快樂與絕望的混合體；下定決心，就能擁有達成真正自我的欲望。這種欲望會引導發現你美好的一面，也就是真正的你，而且不會落井下石，陷你於過去的錯誤中。

一旦你能真實面對自己，你就是自己，那麼生活才有意義。

心理分析

問：心靈控馭能代替心理分析嗎？或是不相關？如果它們互有關連，其關連如何？

答：心靈控馭與心理分析沒有關連，它與心理分析完全不同。心理分析是在挖掘過去，而心靈控馭著重的是現在。挖掘過去有其價值存在，但你是生活在今天，今天的所做所為比負面情緒及昨天的過錯更重要。應該學習在今天擺脫它們。

心靈控馭不需要其他因素即可進行，因為它是單獨進行的自我分析，所以兩者沒有連帶關係。你可以單獨評估你的優缺點，並在當下為你邁向創意生活做決定。

心靈控馭將一般的精神官能症視為是壞習慣的產物，而我所提倡的自我形象心理學（self-image psychology）著重在自我形象的本質及改進上。你自己就可以將挫敗的壞習慣，改為充滿信心的好習慣。

下面是一個著名的精神科醫生寫給我的信：

讀了你論「心靈控馭」的書，令我高興異常，而且有職業上的滿足，我一口氣看完，實用性遠超過一般的水平。我了解精神科醫生如何將他們在科學領域上的專業知識，謹慎而立即地應用出來，但你書中生動的文體與明確的論述，一定能讓心靈上與世隔絕的人卸下心房，不再抵抗，瞬間引起他們對這個主題的興趣。

多年來從事於精神科的心理治療工作，為求治療上的進展，我脫離了佛洛依德，受到霍尼（Horney）、佛洛姆（Fromm）、羅賓士（Robbins）等人所提倡的自我觀念的思想所吸引。除了專心研究治療的系統化外，我甚至將他們的見解應用在工作上。但我從不滿意其理論在實際上的應用情形，也不滿意以不同的「技術」方式來解決問題。

你所利用的魏納（Norbert Weiner）理論吸引了我，想運用其解決治療上的問題。你的要點清晰，容易掌握，任何聰明的病人，應該可利用為治療的工具，也能配合心理治療的任何自我導向體系。

心靈控馭

問：請問你如何為「心靈控馭」（psycho-cybernetics）下定義？

答：cybernetics 源自希臘字 kybernetes，是指駕駛船的舵手。psycho-cybernetics 是我發明的新字，意即驅使你的心靈邁向有益的目標。懷著負面情緒的人常反其向而行，而心靈控馭卻是一種邁向自我實現的創造過程。

西班牙名畫家達利（Salvadore Dali）曾送我一幅他闡釋心靈控馭的畫。畫中央是一個分裂成兩半的世界，其中一半世界被挫敗的陰影所罩住，人們逃離生活與自己，躲入煩擾心靈的黑暗角落，底下有一艘無帆的船在惡劣的挫敗之海中掙扎，根本到不了岸。另一半世界充滿了信心的陽光，人們以信心處理目前的目標，非常滿足；人的形象在此處有十呎高，向著太陽邁進，底下有一艘帆船正向著目的地航行，一片風平浪靜。

第二艘船的目的地何在？就是心靈的平和。心靈控馭是運用我們的內在本能，塑造我們完整的自尊。正面思考的下一步是正面行動，將建設性的思想轉換成創意的表現，撇開負面情緒的干擾，邁向你的目標。

放鬆

問：緊張時如何放鬆？

答：精神的放鬆會使肉體也放鬆下來。不同年齡的人都有所謂變幻無常的時候，我們在變幻無常中消磨而過。如果我們能了解放鬆的藝術，將能從對抗緊張中過著賞心悅目的生活。

放鬆有五項重點，雖然都不容易，但你可以做得到，其收穫無窮：

1. **毫無疙瘩的原諒別人**。原諒必須一次付出，不能分期付款。這樣做非常難，但值得採行。

2. **原諒自己的過錯與慌張**。忘掉昨天的過錯，養成生活於今天的習性。犯錯可能是一種失敗，但原諒卻是一種成就。莎士比亞說：「寬恕是神。」

但是誰要求你當神？當人並獲取當一個人的滿足吧！

3. **保持自己**。模仿別人只能使你成為複製品，無論如何你無法毫不在意的當別人。讓你的自我形象每天都有所成長。

4. **重視自己的優點，不要在意你的缺點**。前者使你充滿信心，後者令你挫敗，隨你選擇。我所說的挫敗是指背負著過去負面習性的長期性挫敗，現在它還在干擾你。務必以思考及努力追求現在的目標來忘掉昨天。你越想完成現在的目標，就越不會被昨天所困擾。

5. **獨坐房間應用想像時，為自己訂立目標**。讓心靈之泉噴出泉水，排除每天的緊張，拔掉沮喪的插頭，使你更新活力面對嶄新的今天。

宗教

問：宗教能配合心靈控馭嗎？

答：有位神學院的人問我心靈控馭能否取代宗教。不能，完全不能。心靈控馭本質上著重在實現自己的方法與意義，而每一個宗教的基本教義都是在教導自我實現。你應該利用內在的成功本能追求更美好的你，內在的輔助機制會支配你的心靈邁向一個創意的目標。

心靈控馭無法取代宗教，在其後有一個精神上的根據。你以磨練和能力設定目標，來塑造完整的尊嚴與自尊。換句話說，心靈控馭是追求當一個完整的人——這也是宗教所教導的。所以心靈控馭是協助你實現自己，使你更具靈性，使你更成功的追求你的信仰。

年輕人會探求精神上的指引，當他們知道心靈控馭能實現自己時，就會去享受身為人的自我實現感——包括精神上、身體上、心理上及靈性上的完整，使他們會回去教堂做禮拜。為什麼呢？因為這與他們利害相關。有了尊嚴就有慈悲，有了慈悲就有謙遜，有了謙遜就敢於面對自己，不再怨恨。因此才能以真實焦點看清他們自己的形象——一個來自上帝形象中的形象。

上帝死了沒？我不關心這個問題。存在主義沒有為這問題提出答案，而且它與心靈控馭毫不相關。理由很簡單，能實現自己才能表現內在的神聖本性。如果你想了解自己，並相信自己，上帝就在你心中。

自我形象

問：你認為人最重要的資產是什麼？

答：是他的自我形象。每個人都有一個心理影像，一個自我的藍圖。這個藍圖決定了你在人際關係中所扮演的角色。生活若想合理滿意，必須有一個可以依靠的形象。要相信自己，能接納自己才能接納別人。

你的自我形象確信無疑時，才能將自己的優點發揮得淋漓盡致。如果它令你羞愧恐懼，你會抑制創意表現，置自己於心思煩亂的黑暗隧道中，與別人和與自己相處都變得非常困難。

自我形象是成功的關鍵所在。

問：人真的能改變嗎？

答：如果能改變他們的自我形象，當然可以改變，這是他們最偉大的資產。我們大都有欺騙自己的習性，那是由於過去的謬誤被罪惡感所壓服，務必記得追求一個更美好的自己，才能免於失敗。

我們必須有改變的欲望，所有的人類都有生存的欲望，想活得快樂，而不只是存在而已。這是所有人共有的目標，懷有它才不致步入歧途。不能任由這種自我形象管理我們，要由我們來支配它。唯有將過去的成功運用到現在，我們現在才會成功與快樂。

每天都要改進你的自我形象，這是每天追求自我實現的第一個目標。早上起來如果不快樂，讓你自己快樂起來，切記沒有人能不經你的允許而令你不快樂。

問：如何開始改變？第一步驟是什麼？

答：第一步驟是認知你能為更美好做改變。照鏡子自問：「我是誰？我犯了錯所以是個失敗者嗎？或者我是個天生的成功者嗎？真正的我是誰？我害怕犯錯，害怕所有的不完美，忘了世界沒有十全十美的人，忘了我既不優越也不自卑嗎？我是誰？我是個犯錯的人嗎？答案都是肯定的。成功也是指具有擺脫謬誤的能力。」

你是誰？一個挫敗者或是一個滿懷信心的人？或兩者都是？沒錯，本質上你是挫敗與信心的綜合體。

像X光般透視自己。你是為追求成功才來到這個世界，成功與快樂，像你的心和眼一樣都屬於你。

透視鏡中的自己，如何開始改變呢？抓緊自己，不要逃避，不要嘮叨，也不可以虛假。

雖然你兼有挫敗與信心，但不能讓兩者同時出現。如果你選擇信心，讓它成為一種習性。你越能透過信心，專注於完成目前的目標，就越不會受到昨天的失敗所干擾。

問：太關注自我形象是否有造成自負的危險？其間的界線如何劃分？健康的運用心靈控馭與自負之間的差異何在？

答：自我形象是一種了解你及你的行為的企圖，太關注自我形象沒有任何危險。你的行為困擾在於對自我形象的關注不夠。如果更關注於你的內在心靈以及為自己著想，自負就會減少。唯有信心才能應付過錯，而自負卻是一種缺乏信心的優越感，兩者大不相同。

一旦你能了解實際的自己，不會掉入負面情緒的圈套時，即能從事創意行為。若你自戀，自我陶醉，就會造成不切實際的自負。信心是自尊，是創意；自負是破壞。因此，健康的運用心靈控馭來發掘你的真正價值，擺脫困擾與破壞，發揮信心。自負者會被自負所傷。

問：如果我的自我形象適當而健康，我的能力是否有極限？

答：如果你有一個自我形象，即能了解自己既不卓越也不卑劣，是一個兼具成功與失敗的人，如果你能接納自己的怯懦，但卻不受過去的怯懦所干擾，每天滿懷信心的為自己設定實際的目標，為現在而活——那麼，就可以有一個能引導你邁向目標的適當而健康的自我形象。有了可以依靠的自我形象之後，即可推進你的目標，利用你的輔助機制追求自我實現。

你只能在你的磨練與能力之內限制自己。換句話說，如果你能發揮極致而成功，限制就不存在了。設定極限並非使你受制於你的能力，如果你寧可做你該做的事，你的行為不受別人指使，你的目標就無限制可言。完成一個目標，再繼續下一個目標，切勿同時進行兩個目標。

問：自我形象與良心有何關係？

答：在內心裡不斷地對抗剝奪我們心靈平和的負面情緒，就是自我形象的圓滿發展。戰場並不在越南或中東，而是在我們的內在世界裡，與我們的失敗機制從事無止盡的內戰。照鏡子時，戰場就在我們的背後，即使我們仍不自知。我們的資產與負債永遠爭鬥不休，所以，要防止負面情緒將我們導入歧途。充分利用清晰思考、創意的心理意象，及我們的成功機制，絕不可與恐懼、挫敗及怨恨妥協。

自我形象就是良心，兩者是一體的。每天花幾分鐘照鏡子，熟悉你的良心。認識隱藏在臉後的真正的你，那個陌生人能成為你的好友。莎士比亞的《哈姆雷特》中有一句話說：「良心會令所有的人膽怯。」我認為它是指另一個意思。只有在自尊受到傷害時，良心才令我們膽怯。現在是自我實現的時機，現在是認識並孕育創意良心的時機。不要嘮叨，不要逃避，不要欺騙，不要虛假。你現在是米開蘭基羅，一個心靈雕塑家，現在就粉碎躲在你內心裡的負面情緒，讓成功的生活再生。不用多想了，放手去做吧！

現在正是你的時機，讓你的形象長得高壯，讓你的良心潔淨無瑕、生動活潑。不要憂愁，享受歡樂吧！

你的形象就是你的良心。**現在**就讓它潔淨無瑕、生動活潑吧！

問：你曾以LSD來改進自我形象嗎？請簡述你的實驗。

答：我沒有參與過這種實驗，LSD有其醫學上的價值，但我認為它無助於改進你的自我形象。

你的自我形象是你與你內在的私人關係。早上起來站在鏡子前，它就是一種面對面的對照。攬鏡自問：你要當一個成功者或失敗者？你要擺脫過錯或埋怨社會對你的不仁慈？你在自己心中毫無神祕可言，你對自己的看法也毫無神祕可言。

如果你看錯了自己，罪魁禍首是過去的某一個謬誤，你必須靠自己去改正，不需要借助藥物催眠來發現自己。只要你能擺脫昨天的錯誤，為今天而努力，你就能發現自己。若失敗了，重頭開始。你有一個成功機制，以你的成功直覺來克服失敗。行為者是你，不是別人或藥物。

問：如何克服自我形象膨脹而形成的驕妄？

答：正確的自我形象與驕妄互相矛盾。一個足以讓你引以為傲的自恃形象，其成因是謙遜而非驕妄。驕妄是一個不滿意的自我形象——一個帶有傷痕的形象。

什麼原因使人驕妄呢？覺得自己是個不可或缺者是首要因素，想脫離較低下的位子往上爬。不過，這是錯誤的想法，自覺卑劣是一回事，行為又是另一回事。人如果不被正確的肯定，就會求助於無效用的驕妄，把他們想像中的優越感，硬逼在別人身上，自以為他們矯揉造作的姿態是正當的。驕妄由三項因素組成：自負、空虛，與小氣。自負的驕妄來自錯誤的優越感，因此，驕妄也是一種使人痛苦的自卑。

驕妄者認為縱容於戲謔，使他有十足的安全感，這是幻想。卓越者對自己的成就謙虛又感激，絕不勉強別人；他們的自我自成格局，不需要被認可。驕妄也是自作自受的空虛，會破壞人的自我形象。驕妄最受埋怨的是小氣。訴諸驕妄的人，等於是愚蠢而毫無尊嚴的告訴每一個人：「我愛我！」這是他內在的失敗機制在作怪，使他們更不像他們自己。

當驕妄在誘惑你時，對付它的最佳方式是提醒自己可能成為一個驕妄者。仰鼻呼吸，把驕妄當作狂舞的灰塵。只要配合你的自尊，就可稍微放任自己於孤芳自賞。

問：我有一個夥伴，我相信他的能力遠大於他的表現，我如何協助他發揮潛力？

答：創意的心靈控馭與自我形象心理學的價值，不僅在改進你的自我形象，而且要推己及人。這就是友誼的起源，先成為自己的朋友，再將你的勇氣、信心、了解，與自尊給予別人。這也是另一形式的團體心理治療。我們對別人有一種道德上的承諾，我們必須對這種承諾負責。

如何負責？找你的夥伴談談，告訴他你在心靈控馭上所獲得的寶貴經驗。請他先讀心靈控馭的書，然後像談棒球經一樣和他從正反兩面來討論。球賽有輸有贏，昨天輸了的球隊總想今天扳回來。讓他知道他自己是一個錯誤製造者，而且也是一個錯誤超越者。創意生活的真諦全包括在內了，對你們兩人而言它是個大探險。

也可以將這種方式運用在你的太太和孩子身上。家人間建設性的談話，或許一直被你的家庭忽視。**現在**就開始做吧！你將會突然發現自己竟是個**創造者**，是個修補別人內在傷痕的整容醫生。

問：一個人的自我形象，是否會取決於自負的多寡？通常認為這是一種人格上的瑕疵，你的看法如何？在自信的建立上是否會有過度自信的危險？

答：自負是一種人格上的瑕疵，自負的人知道他們將其視為某一形式的自卑，我們都會有這種想法。一個人的自我形象取決於自負是絕對不正確的。應該相信自己，擺脫謬誤並不是自負，而是發現自己更美好的一面。在改進自我形象時，你有何發現？自負或自尊？你發現的是你的自尊，而且絕不會自負，只因為自尊是信心，你會將自尊分享他人。亦即你擁有的是謙遜，而謙遜就是自負的反面。自負會使你在你的自我形象上留下傷痕。唯有謙遜的信心，才能消除這個傷痕。

自負是一種人格上的瑕疵，信心才是人格上的資產。發揮你的信心，摒棄過度自信的恐懼。縱使你滿懷信心，也絕不能臻於完美。隨時都會面臨失敗，而這會預防你的過度自信，也會刺激你為前頭的新工作與新目標重建信心。

問：一個人的自我形象終其一生完全相同，即使該形象十分不適當，也沒有任何改變，為何會有這種傾向？

答：太多人不知道他們能改變自己的自我形象。如果你自認是個失敗者，就會證明給世界看。你的行為表現是依據你的自我形象而來，了解你的自我形象，就是在分辨成功與失敗之間的差異。

人們寧可遷就環境，也不願改變形象，這是他們很難改變自己的個性與習慣的原因之一。可是如果你對於自己有負面的想法，就不會對環境有正面的想法，改變個性的關鍵在於改變自我形象。我在此舉一個例子：

海倫是個七歲的女孩，她的父母聽到她彈鋼琴時，常批評她的雙手笨拙，成不了大器。她信以為真，所以只要一彈琴，就彈得笨笨拙拙地。到了十五歲仍然彈得很不優美，而且烹飪與縫紉的技巧也一樣笨拙。

我告訴她：「好孩子，妳不必為別人的行為負責，即使是妳的父母。或許他們聽到妳彈琴時正是妳彈得不好的時候，那並不表示妳不能改進。」她將我的話牢記在心，兩年後鋼琴已彈得很好，而且炒得一手好菜，縫衣服時手指靈巧無比。

改變了對自己的看法，使她反敗為勝。

當人了解他會更好時，當生活的每一天都會改進他自己的自我形象時，個性就會開始改變。

問：如何很快地達到心靈的平和？

答：從你自己的自我形象著手。如果你不贊同自己，不要逃避，每天走進你的心靈，會使你精神爽快。

寧靜的心境表示你有一個健壯的自我形象。在此推薦三種達到心靈平和的方法：

1. 了解心靈平和是可以達到的，將其設定為一個基本目標。
2. 安排歡樂的活動，不要懷恨在心。
3. 努力建立你的自我形象。

為求心境的富裕，必須強化你的自我形象，必須從你的想像中透視你的優點。再一次從你的想像中捕捉過去的成功。

為求心靈的平和，必須建立堅強的信念，必須相信自己，相信你是一個高尚的人。

努力以自我信念（self-belief）的積極態度對待自己。日復一日，你就能創造你最好的內在世界。

問：有兩個大學生各提出一個問題：

1. 我被學校開除，我不認為以後能功成名就。請幫助我！

2. 你認為一個大學生所面對的最大內在衝突是什麼？

答：最近有一項調查報告顯示，百分之九十以上的大學生不喜歡自己（本項調查性別不拘）。他們沒有正確的自我形象，不努力探求自己，以進入成人生活的門檻，困住他們的是切身的困擾。他們不喜歡自己，不能立即獲得滿足。

大部分年輕人活在誇張的生活中，忙忙碌碌（我年輕時也一樣）。或許那是他們的資產，他們藉此發展心智，擺脫困擾，他們絕大部分不會遭到學校開除，最後的表現都十分優異。

最近路易士安那州立大學商學院院長，邀請我對該院一千二百七十五位學生演講，題目是：如何創造學習的欲望。我講的主題是心靈控馭，強調自我形象的改進與如何應付壓力。該院院長事後寫了一封信給我：

馬爾茲先生鈞鑒：

非常謝謝你在一九六七年一月十一日星期三對敝院一千二百七十五位學生的精彩演講。你跟學生分享的經驗，貢獻卓越，本校由衷感激。由學生所表現的興趣顯示，你的演講極受他們的歡迎與讚賞。順便讓你知道，另有六個班級透過電視，也聆聽到你的演講，他們也都一致讚美。事實上，有一位在電視教室裡的教師反映，當你談到親身趕飛機的經歷時，所有學生都屏息貫注。當時紐約大停電，你從居住的十七樓公寓跑步下樓，攔了一部計程車趕到甘迺迪國際機場，正好及時趕上從紐約飛往加州班機的故事。我相信你的經歷對該班每一位學生而言，都有親身經歷的感覺。聽過你演講的學生，現在應該更了解發現自己的優點與極限是何等重要，並都能體會如何支配自己的行動，以追求個人的目標。很顯然地，你的見解，對每一個大學生的學習過程與啟發，都非常中肯。

非常高興有這個機會認識你。該班學生希望明年再邀請你。

這封信指出了兩個問題：學生上大學是為了求知，或者他離開家庭僅是為了社交？上大學是否只是為了學位？

對我而言，這才是一個大學生所面對的最大內在衝突。

他應該照鏡子，真誠的面對自己，自問他是誰以及目前正在幹什麼。他一定要回答。一旦能了解成功是繫在成功的希望上，並立即行動，才能處理內在的緊張。

說「我被學校開除，我不認為以後能功成名就，請幫助我」的大學生，住在丹佛市，他之前不了解他能改變自己的自我形象。他現在必須幫助自己，不能讓負面情緒在他邁向生活之前就摧毀了他。生活中並無所謂壞學生，每一個人都能創造自己的價值。人來到這個世界是為了成功，而非失敗。

他應該了解自己內心裡的生存與快樂的欲望，並且趕快著手追求。加州大學前任校長克拉克．科爾（Clark Kerr）曾說：「誇張是年輕一代的特徵之一。它本身就很誇張，又被大眾傳播工具所誇張，也被自由派及保守派人士各為了自己的目的而誇張的使用。歷史上很少有這麼多人，為了這麼小的理由如此恐懼過。」

那麼該怎麼辦？如果他們的生活充滿誇張，**現在**就應從事建設性的工作。絕大部分人在了解做決定的是他們自己，以及在成為自己的朋友前無法成為別人的朋友時，都能妥善改進。我到各大學演講時，都對學生提出這樣的見解。我相信他們，因為隱藏在誇張之下的，就是他們內在的信心與尊重。

性

問：我們有錯誤的性觀念嗎？

答：時常有。我是個整容醫生，曾為許多名人動過手術，包括公認的「性感人物」。

目前性仍是一塊禁地，只能猜測其答案。但我仍看不出真正的性滿足與性意象之間有何關連。

從事商業行為的性表演者，可能有達到真正性滿足的情緒，也可能沒有。我認為性滿足者有一股內在的知足，並知道如何毫不自戀的付出與接受。他不會被一些雜誌與書籍封面的「性感人物」所蠱惑。性的內涵遠超過眼睛所看到的，它是一種奇妙的感覺，唯有擁有健康自我形象的人才感覺得到。

罪惡

問：你對罪惡的看法如何？

答：我不知道罪惡是什麼，這不是規避，而是做為一個醫界人士的信仰。當你生下孩子，拍他的背，他第一次張口大哭時，你知道他已經來到這個世界，你不得不相信已經成功地誕生了一個新的人。未經他同意，你無法迫使他相信到這個世界是來失敗的，也無法迫使他相信對此無能為力。我曾對很多國家信仰不同的各年齡階層的人談心靈控馭，很難讓尚未踏入成人世界的年輕人相信自己滿身罪惡。他們不信，為什麼他們該相信？年輕人認為他們應該得到機會，不管大人接不接受這種想法。人必須學會原諒自己、原諒別人、透視自己的優點，以及保有自己、不要模仿別人。

醫生只能幫人動手術，去掉外在的傷痕，但是，更重要的是內在的傷痕。我不了解罪惡，但我知道成功與失敗。我知道人會犯錯，但是人也能擺脫過錯。

我心目中的主要罪惡——如果要用這個詞的話——之一是無法擺脫過錯。我所了解的另一個罪惡是不願原諒別人。

睡眠

問：我今年將從大學畢業，七月就要攻讀碩士。過去兩、三年我一直睡不好

覺，到了半夜三、四點還睡不著，一直無法放鬆，該怎麼辦？

答：睡眠的首要原則是養成作息的週期。也就是說，在每天晚上同一時間上床睡覺。這是最容易而最有效的方法，比數羊或在臥房裡噴香水還好，因為很多人越數越清醒。至於這些人工的方法中，最好的是睡前洗個熱水澡。我給你的最佳建議是學習放鬆的技巧。控制你的煩惱，提起勇氣把每天的心理及經濟壓力撇在一旁，先睡一覺，隔天再以嶄新的你去處理它們。晚上關燈準備睡覺時，放鬆你的心靈與精神，這並非難事。如果你每天睡八小時，睡眠占了你一生的三分之一，自然、重複，並養成習慣，你就是一個懂得睡眠的人。把睡得更好當作一筆理當成交的生意來看。不論你有何困擾，你對睡眠擁有所有權。當然生病的人，需要藥物來幫助睡眠，但最好盡可能不用，否則成了跟數羊一樣的壞習慣。

睡眠是一種好習慣，是回復體力的自然習慣。為了你的健康愉快要養成這個好習慣。睡前花幾分鐘想想有什麼事可讓你睡個好覺，盡量放鬆，那麼一躺上床，很快就會進入夢鄉。

睡前看書會越看越晚，熄燈後還會思考書中的問題，所以睡前看書不是個好方法；而且盡可能不吃安眠藥。

有一次我從舊金山搭晚上十點半的班機飛往紐約，到達時是翌日清晨。有位生意上的朋友也坐這一班飛機。

「醫生，有安眠藥嗎？」

「有幾顆。」

「請你給我一顆。」

他和著水吞了下去，說：「你需要嗎，醫生？」

「我從不吃安眠藥。我帶著它，以備病人急需。」

翌日清晨，他搖醒了我。

「到紐約了，我整晚睡不著，你的鼾聲真受不了。」

小人物

問：我老是覺得自己像一個小人物，怎麼辦？

答：克萊爾（Carlyle）說：「社會建立在英雄崇拜之上。」這可從我們的生活中印證。我們為競賽的勝利者、表演精彩的藝人、贏得選舉的政治家喝采。我們的心被成功所鼓動。但是，人每天的行動矛盾而多變，對芝麻瑣事的堅持固執，使他成為不重要的小人物。

曾有一位四十歲的女人遠從加州到紐約來找我。我看著她，但除了她一臉的煩惱外一無所見。

「有什麼困擾嗎？」我問。

「我的創傷。」

「在那裡？」

「在我的唇上。」她的下唇有個小傷痕。她很在意，而且常想到它。

大部分人在每天的奮鬥中都會受點小傷，而且一想到就誇張它的嚴重性。這些小傷不足掛齒，卻足以使我們變得無足輕重。太在意成為小人物，反而使我們的行為偏向於芝麻瑣碎。

你是如何變成一個小人物呢？那不外是溺愛後悔，眷戀過去，每做錯事就抱怨，嫉妒鄰人的好運，為芝麻小事煩心，每天二十四小時都處在失望之中。憂思你的悲傷，不把寶貴的時間用在值得的活動與情感上，不敢面對任何正面的思想或美好的感情，不知引以為鑒。如果你還這樣，我保證你將會是最小的小人物。不過你一定可痊癒，背對昨天與今天的失敗，懷著每天的目標活在今天，那麼你就不會是一個小人物了。

成功

問：愛我們的人給予我們所需要的生活方向，使我們以自己的方式成功。你對這些人的看法如何？

答：你尊敬的是他們正確引導你的智慧，但你也必須尊重自己的智慧。每一個人都有自己的形象。他必須冒該冒的險，以擴展生活加強他的形象；即使犯錯，也必須學習毫無干擾的引導自己。他必須學習自行應付錯誤。別人的方法並不是你的方法，他們所犯的錯和你也不同。尊重別人的自我形象，才是真正的友誼。

人的世界是由許多不同的自我形象所組成。你是你自己的哥倫布，為你的自我形象描繪世界地圖，一旦完成，別人會與你共享成功的滋味。與愛你的朋友開一次圓桌會議。不要掩飾或嘮叨，只要誠心表達彼此在個別條件下的生存權利即可。他們如果愛你，就會了解及同意。他們如果想庇護你，向他們強調你要以自己的方法把握生存的機會。假如他們因此怨恨，表示他們不愛你，他們愛的是他們自己。假如你不為自己的權利挺身而出，表示你不愛你自己，你也絕對無法發覺你的真正形象。

問：如何增加效率？

答：個人的效率指熱情、勇敢及信心十足的向前邁進——以追根究底的心情將事實從幻想中分離出來。它是在你的能力範圍內全心投入目標的完成，也是探求自己更美好一面的渴望，了解有所為與有所不為。

個人的效率從早上起床照鏡子面對自己就開始了。在一天的開始時，請告訴自己：

我要專心於今天的目標。

一次只做一件事情。

切記我的目標的人、事、時、地、物。

堅持目標，不可懷疑及恐懼。

切記一天有三個八小時——八小時工作，八小時休息與放鬆，八小時睡覺。

讓工作、娛樂、愛情，與信仰都富於創意。

切記挫敗是時間之賊。

先求律己，尊重自己，成為自己的朋友，再求推己及人。

以內在的成功機制充分運用每一分鐘。

隨時切記使我明天會更好的藍圖。

問：使一個人成功的內在驅策力是如何來的？

答：先記住你是一個人，會犯錯，也有應付的能力。犯了一次錯，並不表示你是個失敗者。沒有人十全十美，沒有人能百分之一百的成功。

除了自己外，沒有人能告訴你該怎麼做。你和所有人一樣有一個欲望：生存的欲望，不只是活著，而是要活得快樂。除了自己外，也沒有人能抑制這種欲望。絕不可允許任何人壓制這種使你生活中血液運行的欲望。你天生是生活的演員，創造力豐富，而且潛意識裡擁有一個引導你成功的輔助機制。

切記你是目標奮鬥者，只要你去嘗試，目標的完成指日可待。萬一失敗，再試一次。

不要受制於謬誤，否則將為你最大的財富——你的自尊——留下瑕疵。你的自尊就是使你邁向目標、走上成功之路的內在動力。

問：我曾應用心靈控馭的原則淘汰負面思考，但仍會偶爾陷於情緒低潮。你說這是正常的情況，令我困惑，我不同意這說法。你為我淘汰了負面思考，並使我的生活外貌整個改觀。

答：你的確體會了心靈控馭的精髓，我很高興，但生活中有我們隨時會感受到負面情緒的狂熱時刻。我們的一生並非完全平步青雲。所有的人，不論其如何成功，都有沮喪期，情緒起起落落。這是我們學習創意生存的自然過程。了解這一點，可讓你在壓力產生時，提起勇氣挺身對抗。

然而，我們都不可能在所有的時刻十全十美。成功時我們是完美的，但也只有當時是完美。我們並不能保證隔天的完美。生活是一個目標接一個目標，如果不能全部完成，也不必失望。棒球賽中打擊率再高的人，也絕不可能每一棒都擊出全壘打。

問：請你描述一個人的輔助機制？

答：我們每個人內心裡都有一個成功機制，它在潛意識裡幫助我們完成目標、獲得快樂。譬如，我們可以不費吹灰之力拿起一枝放在桌上的筆，但我在兩歲學習拿筆時，曾歪歪倒倒白費許多力量，但只要別人示範一下，我就能輕易而成功的拿起筆。我現在記得的是成功拿筆的方法，忘掉的是錯誤的方法。這種成功的方法就儲存在中腦裡，記錄了你過去所有好的與壞的經驗。

當我要拿筆時，拿筆的欲望就是目標，由前腦主控。前腦是我們的目標中心，是我們的欲望與希望、滿足感與成就感之庫。前腦的欲望一產生，就由中腦找出我們內在的輔助機制——成功機制。再強調一次，潛意識的行為表現不是來自意志力，而是我們的目標中心——前腦。

問：你認為誰是二十世紀最成功的人？他是否對人類最有貢獻？如果不是，請問他是何許人？

答：我的答案可能令你非常驚訝——你就是本世紀最成功的人，如果你能實現自己的話。

成功的標準因人而異，但生活中所有成功的基本要求是一樣的。

首先，不可模仿別人的形象。唯有接納自己，才能步上成功之路。

穩定家庭經濟能使生活愉快生動，不過這只是成功的一個範疇。其他的範疇是：

1. 目標的方向感
2. 了解
3. 勇氣
4. 慈悲
5. 尊重
6. 自信
7. 自我接納

不能只以金錢衡量成功，請記住以上七個範疇。如果無法全部記住，最少你要記住信心兩個字。只要記住過去成功的信心，並運用在目前的目標上，那麼其他的範疇就會自然湧現。

你的成功機制會將你的思考與行為引向自負嗎？不會。對較不幸的人施以援手，絕不是自負。

成功像快樂一樣，當你與別人共享時就是它最美好的一刻。有所得，就會有所失；但給予會一直帶來享有。

完全成功的標準是什麼？我不相信人會有完全的成功。當你完成一個目標，會緊跟著開始下一個目標。萬一失敗，重頭開始吧！

成功就是嘗試，嘗試，嘗試；動手做，動手做，動手做；**現在**，**現在**，**現在**。

每一個人都有他的自我形象，每天讓它長得高壯。這是人生最大的冒險，尤其當你幫助別人時。因此，如果你能實現自己，你就是二十世紀最成功的人。

明天

問：如何應付拖延？

答：我們天生都遺傳了不同的特徵，其中之一是把事情拖到「明天」的本領。很多人一生都擁有這種「天分」。

學校裡從沒有開「我們明天如何做事」這門課。我相信如果有這門課，選修的人一定大排長龍，而且上課時絕沒有人打瞌睡。
我相信悠閒的重要性，但悠閒並非指把事情拖到明天。「明天」是一種負面哲學，因為從沒有人見過明天。
不過，有一種特別有建設性的人生觀，教我們如何把事情拖到明天。例如，如果你討厭恨，不妨再列出相關的情緒——如粗野、偏見、嫉妒、惡意、懶惰、厭倦、報復、誹謗，以及對自己、別人，與上主都缺乏信心。只要一被這些情緒所捕獲，此時偷懶一下，告訴自己：「明天再說吧！」這就是善用明天的好習慣。
我想我的回答有點轉彎抹角，簡單地說，遇事不逃避，可以克服拖延。

真相

問：如何讚美自己？

答：我們在讚美自己時最不客觀，這是很不尋常的事。在我讀過的書中，即使像佛洛依德那些衝擊我們思考的作品，也無法完全透析**他自己心靈**的神祕。

至於其他人的作品就更不用說了。物理學家對**自己**的看法，也可能被扭曲而不真實。終身致力於公正與真理的法官，對**自己**的了解也相當有限。

那麼，你自己的真相是什麼？你會因你賺的錢比別人少而覺得自卑嗎？如果妳是個單身女人，會因尚未結婚而覺得做人完全失敗嗎？

或者，像鷹鉤鼻或瘦削的下巴等身體特徵，會令你自卑嗎？或者，你會任由其他「真相」來支配你嗎？

很多人認為他們了解自己的「真相」，事實上他們只看到了壞的一面。他們如此不公平的批判自己，妨礙了歡樂，他們的「真相」被曲解了。

不要欺騙自己，從荒謬的攻擊自己中覺醒吧！試著客觀一些，公正的改變自己吧！更富創意的生活指日可待。

不快樂

問：如何破除不快樂？

答：在你的心靈之屋裡擺一面鏡子，你所看到的自己，和別人所看到的你是一樣的。當一個創意心靈觀察者，細心研究你鏡中的形象，因為那就是外在世界所看到的你。

你的行為令你丟臉嗎？你會滿面羞容，因為你正努力養成一種愚蠢、幼稚、浪費時間，或破壞健康的壞習慣。

你看著鏡中的自己，就好像世界正在看你，你當然希望他們看到的是你的優點，而不是你的愚蠢、幼稚或脆弱的意念。

避免的唯一方法是改掉不快樂的習慣。你同時是錯誤的製造者與破除者，這是創意心靈觀察的本質。

如果它又侵襲你時，切記去看你的心靈之鏡。鏡中現出的是不快樂的你。記住我的話，你會發現不快樂會像變魔術般消失無蹤。

請記住詩人羅威爾（James Russell Lowell, 1819-1891）的話：「最難忍受的不幸是從未出現過的災禍。」

問：你會不快樂嗎？

答：會。心繫昨天的過錯與挫敗就不快樂。世界上沒有人至善至美。現在經常被過去的煩惱、恐懼及負面情緒所干擾，就會養成不快樂的習慣。以下是不快樂的原因，小心別掉進其陷阱中：

1. 蹙額皺眉。
2. 悲傷。
3. 對別人不友善。
4. 批判別人，也批判自己。偏執，缺乏了解。
5. 對我們不想要的個性不十分了解。
6. 言過於實。
7. 不冷靜。
8. 受制於過去與現在的負面情緒。

除了你自己外，沒有人會使你不快樂。

怯懦

問：人為什麼會常怪自己？

答：人在認為自己犯了「怯懦罪」時就會懲罰自己。很多美國人懲罰自己，原因在於自我期待不切實際。

很多人希望自己毫不恐懼，即使是在正常情況下感到恐懼，也強迫自己不能恐懼。他們隱藏恐懼，藐視眼淚。哭是自然的，有時是傷慟的表示；這樣做等於剝奪了哭的權利。從來不哭只會讓「強者」變弱，而不是更強。

這種人隨時隱藏他的怯懦——好像通緝犯在躲警察。什麼時候他才會恐懼或猶豫不決？或許他會犯錯吧？果真如此，那是在拒絕自己，是將一個不實際的自我形象印在他的心靈上，他絕對成功不了。

假如你希望成為一個「堅強者」，就必須下定決心去改變。即使沒有壯碩的肌肉，即使偶爾會害怕，都要認為自己是有價值的。你鍾愛自己的優點，也要接納自己的怯懦。你能改變，而且必須改變。這才是心靈控馭的真諦，驅使你的心靈邁向一個有用的目標。

週末

問：過了一個愉快的週末假期之後，如何在星期一上午提起精神？

答：週末或假日不只是短暫地脫離緊張的放鬆期；為擺在前頭的工作養精蓄銳，以便更新自己，同時也是你用來更認識自己的休養期。休息是為了走更遠的路。

週末或假日的意義不在於逃避自己，而是要內省自己。運用你的休養期體會你的權利，恢復內在的成功機制，設定你能力所及的實際目標，以免被負面情緒或過去的失敗毀了你。

換句話說，歡樂的週末雖令人回味，其積極的意義在提醒你每天都有一個有益的週末——一個休養期——即下班回家後的放鬆時間，坐下來花幾分鐘安靜省思。養成這種習慣不難，那麼在完成一個目標之後，即可以大言不慚的對自己說，你並沒有「浪費週末」，而是「發現」了另一個週末。

勝利

問：如何成為一個勝利者？

答：我喜歡舉「肯塔基賽馬會」（Kentucky Derby）做例子。時間是五月的第一個星期六下午四點半。世界跑得最快的三歲純種馬都來參加第九十三屆「為玫瑰而奔跑」（Run For The Roses）賽馬大賽，超過十萬人佇立雨中，等著大賽開始。馬兒走到起跑門時都很興奮，裁判喊出「開始」時，人們都很緊張。「肯塔基賽馬會」名氣非凡，很多人在電視上看比賽或聽廣播實況報導。現場一片喊叫聲，激烈的比賽在兩分鐘內就結束，贏得冠軍的騎師領得巨額獎金。

兩分鐘過去，冠軍產生。你能在自己的「肯塔基賽馬會」贏得冠軍嗎？我相信你能，我相信所有的人都能。

我們的「肯塔基賽馬會」能使我們在生活的每一天都是勝利者。如何著手呢？每天分配兩分鐘給自己，靜坐內省，當自己是一個競賽者，為我們的自尊而跑，想像是對著我們的目標而跑。當我們勝利時，每天都是嶄新的一天。雙眼看著我們的自尊，絕不會有任何閃失，一定能獲得自我實現大賽的冠軍——人類最偉大的競賽。

當你參加自己的「肯塔基賽馬會」時，天空總是一片清澄明淨，因為陽光在你的心中。

問：勝利有沒有捷徑？

答：生活很少有絕對的規則，但我們必須依規則生存。在此提出兩項發揮勝利精神的規則：

1. **堅強**：走進社會，接受生活最大的打擊。注重人際關係，在這個世界上不放棄你的自由。勝利很少立刻來到，你必須堅強。

2. **設定目標**：如果不知道自己所要的是什麼，如何能贏？所以必須設定目標，給自己一個努力的方向。如果你對目標的完成非常狂熱，就是一種勝利者。目標不需要具體，有些目標也可能看不見；運用思考，原諒朋友，及想像過去的成功經驗。如果你的目標很有意義，勝利的精神就在眼前不遠；如果你堅強的足以完成，勝利非你莫屬。

煩惱

問：你曾說「煩惱是一種挑戰」，請解釋其義。

答：我們都會煩惱，但煩惱是一種為我們的完整尊嚴挺身而出的挑戰。壓力是生活的一部分，應該去對抗它，不可屈服在壓力之下。把煩惱從公司帶回家再帶上床，對解決事情毫無用處，沒有人強迫你這樣做。那是負荷了額外而不必要的緊張，會令我們自己成為無足輕重的小人物。其他會產生不必要的緊張、壓力的原因還有：怨恨、憎惡、偏見。擁有這些情緒的人，受害最大。

我們的快樂機制存在於我們的內心中，只要能與自己溝通，與自己交朋友，它隨時準備為我們盡力。不快樂會妨礙人的自我實現。養成每天快樂的習慣，快樂與不快樂的培養都很容易，如何選擇，操之在你。

昨天

問：你認為昨天不重要，應該忘掉。昨天並非完全不相關，我們不應以昨天的錯誤當借鏡嗎？

答：我並未說昨天不相關。我們從過去的錯誤中學習，學習不重蹈覆轍，也學到更重要的事。我們將成功銘記於心，將過去成功的信心應用到現在，養成這種習慣後，一有需要，信心立即湧現。事實上，立即的信心是我們最偉大的資產，隨時都需要它。

假如我們能摒棄昨天的過錯、挫敗與煩惱，不害怕今天的失敗，就能培養出立即擁有信心的習慣。

正確的回顧昨天。越能生存於現在，完成實際的目標，昨天的過錯就越難再生。

愛的推廣辦法

看完這本書，是否激盪出您內心世界的漣漪？

如果您喜歡我們的出版品，願意贊助給更多朋友們閱讀，下列方式建議給您：

1. 訂購出版品：如果您願意訂購一千本（印刷的最低印量）以上，我們將很樂意以商品「愛的推廣價」（原售價之65折）回饋給您。

2. 贊助行銷推廣費用：如果您認同賽斯文化的理念，願意贊助行銷推廣費用支持我們經營事業，金額達萬元以上者，我們將在下一本新書另闢專頁，標上您的大名以示感謝（每達一萬元以一名稱為限）。

請連絡賽斯文化或財團法人新時代賽斯教育基金會各地分處，我們將盡快為您處理。

●愛的連絡處

如果您認同本書的觀念及內容，想要接受我們的協助；如果您十分認同本書的理念，想依循本書的觀念成為一位助人者的角色；如果您樂見本書理念的推廣，而願意提供精神及實質的協助；請與財團法人新時代賽斯教育基金會各地分處連繫：

●台中總會　電話：04-22364612　傳真：04-22366503
E-mail: edu10731@seth.org.tw
台中市北區崇德路一段六三一號A棟十樓之一

●台北辦事處　電話：02-25420855
E-mail: taipei@seth.org.tw
台北市中山區長安東路二段四九號六樓

●新北辦事處　電話：02-26791780
E-mail: xinpei@seth.org.tw
新北市新莊區思源路一七三號十二樓

●新竹辦事處　電話：03-6590339
E-mail: hsinchu@seth.org.tw
新竹縣竹北市嘉豐六路一段九六號二樓

●嘉義辦事處　電話：05-2754886
E-mail: Chiayi@seth.org.tw
嘉義市吳鳳北路三八一號四樓

●台南辦事處　電話：06-2134563
E-mail: tainan@seth.org.tw
台南市中西區開山路二四五號十樓

●高雄辦事處　電話：07-5509312　傳真：07-5509313
E-mail: kaohsiung@seth.org.tw
高雄市前金區中山二路五〇七號四樓

●屏東辦事處　電話：08-7212028　傳真：08-7214703
E-mail: pintong@seth.org.tw
屏東市廣東路一二〇巷二號

●賽斯村　電話：03-8764797　傳真：03-8764317
E-mail: sethvillage@seth.org.tw
花蓮縣鳳林鎮鳳凰路三〇〇號

●賽斯ＴＶ　電話：02-28559060
E-mail: sethtv@seth.org.tw
新北市新店區北新路一段二九三號七樓之三

●香港聯絡處　電話：+852-27723644
E-mail: ennovynahc@gmail.com

●深圳市麥田心靈文化產業有限公司　許添盛微信訂閱號：SETH-CN　微信：chinaseth　電話：+86-15712153855

●新加坡賽斯基金會　電話：+6586995765　E-mail: sethsingapore@hotmail.com

●馬來西亞賽斯教育俱樂部　電話：+6019-6685771　E-mail: loveseth.my@gmail.com

●賽斯教育基金會歐洲分會　電話：+32478656779　E-mail: englishsecretary@seth.org.tw

●台灣身心靈全人健康醫學學會　電話：02-22193379　傳真：02-22197106
E-mail: tshm2075@gmail.com
新北市新店區中央七街二六號四樓

賽斯文化

遇見賽斯　每天的生活，都是靈魂的精心創造　You create your own reality.

賽斯文化網 www.sethtaiwan.com 改版上線新氣象 提供好康與便利

優質身心靈網路書店

- 睽違許久的賽斯文化網，爲了提供更方便與完善的服務，終於以嶄新面貌重現江湖囉！電子報亦同時重新改版發行。而賽斯文化電子報，除了繼續每月爲網站會員帶來剛出爐的新書新品訊息，讓大家能以最迅速的方式獲得賽斯心法以及身心靈修行的第一手資訊外，更將增闢讀者投稿專欄，讓大家能共同分享彼此的學習心得與動人的生命故事。
- 只要上網註冊會員，登錄成功後，立即獲贈100點購物點數，購買商品亦可獲贈點數，點數可折抵消費金額使用。另有各種不定期的優惠方案、套裝系列及精美紀念品贈送等活動，如此優惠的價格與好康，只有在賽斯文化網才有，大家千萬不要錯過了！

五大優點最佳選擇

- **優惠好康盡掌握**

  網站定期推出最新的獨賣優惠方案及套裝系列，可獲最多、最新好康。

- **系列種類最齊全**

  最齊全的賽斯心法與許醫師作品系列各類出版品，完整不遺漏。

- **點數累積更划算**

  加入會員贈點，每項出版品亦可依價格獲贈累積點數，可折抵購物金額，享有最多優惠。

- **最新訊息零距離**

  每月電子報定期出刊，掌握最即時的新品、優惠訊息與書摘、讀書會摘要等好文分享。

- **上網購物最便捷**

  線上刷卡、網路ATM等多元付款方式與宅配到府服務，輕鬆又便利。

優質的身心靈網路書店，結合五大優點，是您的最佳選擇。
賽斯文化網址：http://www.sethtaiwan.com/
想接收更多即時的最新消息與分享，歡迎上賽斯文化FB粉絲專頁按讚。

心靈的殿堂　賽斯學院
需要您慷慨解囊　一起播下愛的種子

賽斯鼓勵每一個人都應該去建立內在的「心靈城市」…

賽斯村就是賽斯家族內在的「心靈城市」，就是心中的桃花源，就是我們心靈的故鄉。

在這裡沒有批判，沒有競爭，沒有比較，充滿智慧，每個生病的人來到這裡就能得以療癒，每個失去快樂的人來到這裡就能重獲喜悅，每個生命困頓的人來到這裡就能找到內在的力量，重新創造健康、富足、喜悅、平安的生命品質。

「賽斯村-賽斯學院」由蔡百祐先生捐贈，從心中藍圖到落實為一磚一瓦的具體建築，民國103年第一期工程「魯柏館」及「約瑟館」終於竣工；在這段篳路藍縷的興建過程中，非常感謝長久以來各方的贊助與支持，「賽斯學院的建設計畫」才能順利進行。

第二期工程「賽斯大講堂」即將動工，預估工程款約三仟萬，期盼您的持續贊助與支持~~竭誠感謝您的捐款，將能幫助更多身心困頓的人找回生命的力量！

服務項目

◎住宿 ◎露營 ◎簡餐 ◎下午茶 ◎身心靈整體健康觀講座 ◎身心靈成長工作坊
◎賽斯資料課程及讀書會 ◎個別心靈對話 ◎全球視訊課程連線
◎企業團體教育訓練 ◎社會服務

捐款方式

一、匯款帳號：006-03-500435-0　　銀行：國泰世華銀行　台中分行
　　戶名：財團法人新時代賽斯教育基金會

二、凡捐款三仟元以上，即贈送「賽斯家族會員卡」一張，以茲感謝。
（持賽斯家族卡至賽斯村住宿及在基金會各分處購買書籍書、ＣＤ皆享有優惠）

地址：花蓮縣鳳林鎮鳳凰路300號　　**電話：(03)8764-797**

http：// www.seth.org.tw/sethvillage　　Mail：sethvillage@seth.org.tw

Seth
遇見賽斯 改變一生

心靈魔法學校 -賽斯教育中心啟建計劃

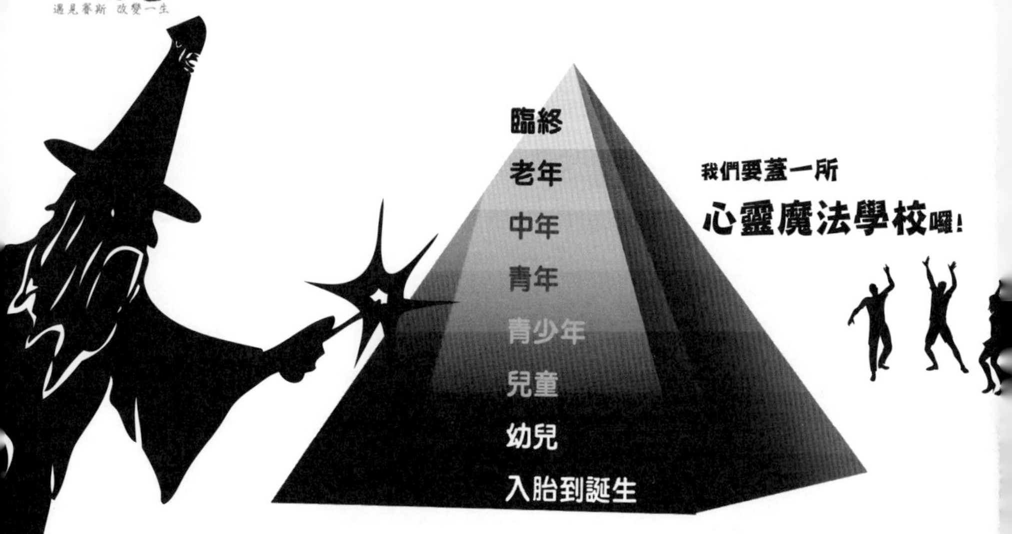

每個人都有不可思議的心靈力量，無分性別與年紀。啟動心靈力量，可以幫助人們自幼及長，發揮潛能，實現個人價值，提升生命品質，明白我們都是來地球出差、旅遊、學習、考察間玩耍的實習神明！

理想

賽斯心靈魔法學校，是基金會實踐心靈教育的具體呈現，整合十幾年來推廣賽斯心法的經驗，精心設計一套完整的人生學習計畫，從入胎、誕生至臨終，象徵人類意識提升的過程。讓賽斯引領每一個人回到心靈的故鄉。

現址

只要每個人一點點的心力，就能共同創造培育『心靈』與『物質』同時豐盛的魔法學校。

第一期建設經費預估四千萬，懇請支持贊助。

賽斯教育中心預定地，設置在台中潭子區，佔地167坪

弘文中學旁邊(中山路三段275巷)

共同創造

賽斯教育中心啟建計畫　贊助專戶

戶名：財團法人新時代賽斯教育基金會

銀行：國泰世華銀行-台中分行(013)

帳號：006-03-500490-2

心情。筆記

Note

心情。筆記

Note

心情。筆記

Note

心情。筆記
Note

國家圖書館出版品預行編目 (CIP) 資料

創意的自我 ： 自我形象是你人生最寶貴的資產
/Maxwell Maltz著 ; 金磊譯. -- 初版. -- 新北市 :
賽斯文化事業有限公司, 2025.08

面；公分. -- (內在探索：31)
譯自 : Psycho-cybernetics and self-fulfillment

ISBN 978-626-7696-08-8(平裝)

1.CST：成功法　2.CST：自我實現

177.2　　114007664

每天的生活，都是靈魂的精心創造

You create your own reality.

每天的生活，都是靈魂的精心創造

You create your own reality.